Wie heißt dein Gott eigentlich mit Nachnamen?

Kinderfragen zu fünf Weltreligionen

Ein Buch von Jan von Holleben
Mit Texten von Jane Baer-Krause

Gabriel

Inhalt

Eine Welt und viele Religionen　　**6**

Gott und die Weltseele　　**32**

Den Glauben leben　　**72**

Besondere Orte und Menschen　　**126**

Mit dem Tod ist nicht alles vorbei　　**150**

Hey, Schalom, Salam Aleikum, Mo Phat, Namasté, Grüß Gott und Hallo!

Schön, dass du da bist und die Religionen entdecken willst! Genau das ist eines der gemeinsamen Ziele der Glaubensgemeinschaften: Sie möchten nämlich, dass sich die Menschen füreinander interessieren und miteinander reden. Nur so gibt es Frieden auf der Welt. Und den wünschen sich alle. Den Frieden haben viele Religionen darum sogar in ihre Begrüßungsworte eingebaut.

»Schalom« sagen Juden auf Hebräisch. Das bedeutet: »Ich hoffe, es geht dir gut und du lebst mit dir und mit anderen im Frieden.« Ganz eng verwandt ist Schalom mit »Salam Aleikum«. »Der Friede sei mit euch«, sagen damit Muslime auf Arabisch. Hindus legen die Handflächen aneinander, führen sie vors Herz, beugen den Kopf nach vorne und versichern dir »Namasté« – »Ich achte und respektiere dich«.
Andere Religionen beziehen den von ihnen Verehrten in die Begegnung mit ein. »Mo Phat« erklären Buddhisten aus Vietnam. Das bedeutet »Ich verehre den Buddha, den Erleuchteten«. Viele Christen sagen »Grüß Gott« und wünschen dir damit, dass Gott dich segnen soll.

Eine Welt und viele Religionen

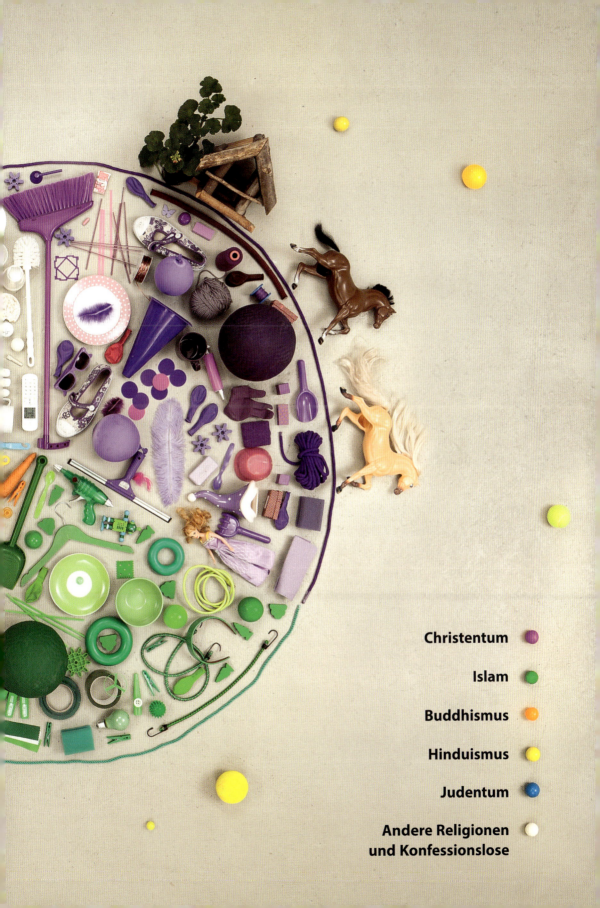

Christentum

Islam

Buddhismus

Hinduismus

Judentum

Andere Religionen und Konfessionslose

Wozu ist Religion eigentlich gut?

Das Leben war schon immer ziemlich kompliziert. Auch schon vor Tausenden von Jahren haben sich Menschen gefragt: Wie sollen wir leben? Was ist richtig oder falsch, gut oder böse? Warum gibt es uns überhaupt? Haben wir eine Aufgabe in diesem Leben? Und was geschieht mit uns nach dem Tod?

Die Religionen helfen vielen Menschen seit langer Zeit, Antworten auf die großen Lebensfragen zu finden. Genau darum wurden sie für die Menschen wichtig. Sie erzählen von der Schönheit der Schöpfung und vom Sinn des Lebens. In traurigen Momenten bieten sie Trost, in schwierigen Situationen helfen ihre heiligen Schriften bei einer Entscheidung oder die Gläubigen finden bei ihrem Gott oder ihren Göttern Rat. Viele Menschen fühlen sich durch ihren Glauben auch sehr verbunden. Sie unterstützen sich gegenseitig und genießen die Gemeinschaft. Das Zusammenleben der Menschen regelten die Religionen sogar schon lange bevor es Gesetzbücher und Gerichte gab.

Natürlich sind nicht nur Religionen Lebenshelfer. Auch andere Menschen zeigen uns, wie wir leben können. Eltern und Freunde teilen unser Glück und stehen uns in schwierigen Situationen zur Seite. Wir können uns selbst für etwas engagieren und für andere da sein. Einen Sinn oder eine Aufgabe braucht jeder, um glücklich und zufrieden leben zu können. Ob Religion dabei eine Rolle spielt, muss jeder selbst für sich entscheiden.

Glaubt jeder an irgendeinen Gott?

Nein. Menschen, die nicht an Gott glauben, heißen Atheisten. Das A steht für »ohne« und das griechische Wort Theos heißt »Gott«. Monotheisten glauben, dass es nur einen Gott gibt. »Mono« kommt von dem griechischen Wort »monos«. Es heißt »allein« oder »einzeln«. Polytheisten verehren viele Götter. »Poly« kommt auch aus dem Griechischen. Es ist das Gegenteil von »Mono« und bedeutet »viele«.

Manche Menschen glauben, dass sich Gott in allem zeigt, was es gibt: in der Natur, in Lebewesen und Dingen. Sie heißen Pantheisten. Das griechische Wort bedeutet »Anhänger der Allgottlehre«.

Und wenn du nicht so genau weißt, ob oder was du glauben sollst, weil es keine Beweise gibt, dann bist du ein Agnostiker. Das ist ebenfalls Griechisch und bedeutet »Zweifler« oder, genau übersetzt, »Unwissender«.

Wer hat die Religionen erfunden?

Niemand hat je behauptet, eine Religion erfunden zu haben. Trotzdem gibt es sie, die großen Weltreligionen und die vielen Tausend kleineren Glaubensgemeinschaften und Naturreligionen, an die Milliarden Menschen glauben. Wie kann das sein?

Einige Religionen haben Propheten verbreitet. Zu diesen gehören auch Mose und Mohammed. Nach ihren Berichten hat Gott ihnen persönlich eine Botschaft geschickt. Das nennt man eine Offenbarung. Damit wäre also Gott der »Erfinder« dieser Religionen. Von diesen Botschaften und Anweisungen erzählten die Propheten zuerst ihren Familien, Freunden und Nachbarn. Später zogen sie los und verbreiteten die neuen Lehren, wo immer sie konnten. Dabei halfen ihnen viele Freunde, denn Zeitungen, Radio, Fernsehen und Internet gab es ja damals noch nicht. Erst später wurden die Offenbarungen aufgeschrieben. In den heiligen Schriften mancher Religionen kannst du sie nachlesen.
Einige Religionen haben sich auch aus einer anderen entwickelt. So war Jesus Jude, als er die Lehre verbreitete, aus der später das Christentum wurde. Für ihn und auch für Christen und Muslime ist Abraham der erste aller Väter, von dem die jüdische Bibel erzählt. Der Islam ist noch nach dem Christentum entstanden.
Der Hinduismus stellt gleich eine ganze Sammlung von Glaubensgemeinschaften dar. Sie entwickelten sich nebeneinander in Indien, haben aber vieles gemeinsam. Den Hindu Siddharta Gautama machte erst ein besonderes religiöses Erlebnis zum Erleuchteten. Seine Erkenntnisse als Buddha waren die Geburt einer neuen Religion. Sie heißt Buddhismus.
Auch schon vor den großen Weltreligionen glaubten Menschen an höhere Mächte. Sie verehrten zum Beispiel die Seelen ihrer Ahnen oder den Geist der Natur.

Welche Religion hat in Deutschland die meisten Anhänger?

Über die größte Gemeinde freut sich das Christentum. Von den Mitgliederzahlen der Kirche können selbst die größten Sportvereine nur träumen. Rund ein Viertel der Deutschen sind Mitglied in der Katholischen Kirche, fast ebenso viele gehören zur Evangelischen Kirche. Außerdem leben zwischen den Alpen und der Nordsee mehr als 4 Millionen Muslime, mehr als 200.000 Buddhisten, 120.000 Juden und ebenso viele Hindus. Weltweit ist die Verteilung etwas anders. Dort gehören 2 Milliarden Menschen zum Christentum, 1,6 Milliarden Menschen zum Islam, 1 Milliarde Menschen zum Hinduismus, 350 Millionen zum Buddhismus und 13 Millionen zum Judentum. Juden sind überall auf der Welt in der Minderheit. Nur in Israel leben mehr Juden als Angehörige anderer Religionen.

Übrigens: Kein Mensch weiß, wie viele Religionen es eigentlich gibt. Das liegt daran, dass sich die Forscher bisher nicht einigen konnten, woran genau man eine Religion eigentlich erkennt. Bei manchen Glaubensgemeinschaften streiten sie darüber, ob es sich um einen »Ableger« einer Religion handelt oder ob eine Gruppe als eigene Religion gezählt werden darf.

Religionen in Deutschland

Kann jeder glauben, was er will?

Viele Eltern sorgen dafür, dass ihre Kinder in die Glaubensgemeinschaft aufgenommen werden, der sie selbst angehören. Die Kinder jüdischer Mütter gehören sogar »automatisch« zum Judentum. Sie erben die Religion sozusagen. Jüdische Jungen werden außerdem an ihrem achten Lebenstag beschnitten. Das ist das Zeichen für ihre Verbindung mit Gott. Muslime glauben, dass jeder Mensch von Geburt an Muslim ist. Auch sie lassen ihre Söhne beschneiden. Christen werden getauft, manche als Babys und andere später.

Woran du selbst wirklich glaubst, das entscheidest du als Jugendlicher oder Erwachsener aber ganz alleine – erst für dich selbst und in manchen Religionen sogar mit einer besonderen Handlung vor der Gemeinde: Jüdische Jungen feiern in der Synagoge die Bar Mizwa, Mädchen die Bat Mizwa. Katholische Kinder stimmen ihrem Glauben mit der Kommunion und als Jugendliche mit der Firmung zu. Evangelische Christen lassen sich konfirmieren.

Hindus erben ihre Religion von den Eltern. Die Jungen der oberen drei Gesellschaftsschichten erhalten außerdem die »Heilige Schnur«. Viele Hindus und Buddhisten feiern je nach Gegend auch ganz unterschiedliche »Aufnahmefeste«.

Manche Menschen verlieren im Laufe ihres Lebens ihre Überzeugung und treten aus ihrer Glaubensgemeinschaft wieder aus. Oder sie fühlen sich von einer anderen Religionsgemeinschaft angezogen. Dann können sie ihre Religion wechseln. Das nennt man konvertieren.

Wogegen protestieren eigentlich die Protestanten?

Die Protestanten verdanken ihren Namen tatsächlich einem Protest. Sie folgten vor 500 Jahren dem katholischen Mönch Martin Luther. Er wollte in seiner Kirche einiges ändern und vor allem die Ablassbriefe abschaffen. Damit konnten sich Christen von ihren Sünden freikaufen. Wer kein Geld dafür hatte, blieb auf seinen Sünden sitzen. Das fanden viele Christen falsch, denn davon stand nichts im Evangelium. Das ist ein Teil der Bibel, der ihnen besonders wichtig war. Später benannten die Protestanten ihre neue Kirche nach dem Evangelium die »Evangelische Kirche«. Auch heute gibt es noch Unterschiede zwischen den beiden christlichen Kirchen. Aber es werden weniger. Seit vielen Jahren verabreden sie sich immer häufiger zu gemeinsamen Gottesdiensten.

Was ist eine Sekte?

Dieses kurze Wort ist sehr umstritten. Eigentlich bedeutet es nur so viel wie »Ableger«. Gemeint sind kleine Gruppen, die sich von größeren Gemeinschaften abspalten, weil sie in einigen Punkten anders denken oder handeln wollen. Heute verbindet aber fast jeder etwas Unheimliches oder Schlechtes mit dem Wort. Gefährliche Gemeinschaften gibt es zwar tatsächlich. Aber die allermeisten kleinen religiösen Gruppen sind völlig harmlos. Sie empfinden das Wort »Sekte« als Beleidigung und möchten nicht so genannt werden. Um sie vor Missverständnissen zu schützen, haben Politiker und Vertreter vieler Gruppen lange beraten und schließlich beschlossen, dass dieses Wort möglichst nicht mehr benutzt werden soll.

Sind Gurus gefährlich?

Ein Guru ist ursprünglich ein Lehrer der Hindus. Er erklärt ihnen die Heiligen Schriften, lehrt sie Yoga-Techniken und das Meditieren. Der Guru ist für Hindus also nicht gefährlich, sondern sogar ein großes Vorbild.

Guru nennen sich aber auch die Oberhäupter mancher religiöser Gemeinschaften, die sich wie alle Religionen mit dem Sinn des Lebens befassen. Die meisten von ihnen bemühen sich um eine gute Lebensweise und verfolgen friedliche Ziele.

Vor einigen dieser religiösen Gruppen sollte man sich in Acht nehmen. Anfangs versprechen sie tolle Dinge, aber später setzen sie ihre Mitglieder unter Druck. Diese Gruppen schotten sich von der Außenwelt ab. Fast immer gibt es jemanden, dem jedes Mitglied gehorchen muss. Ihre Kinder dürfen meist nur mit anderen Kindern aus der Gruppe spielen und es wird ihnen verboten, mit irgendjemandem über die Gruppe zu sprechen. Die Mitglieder werden oft ausspioniert, müssen viel Geld für Kurse bezahlen oder ihren Besitz abgeben. Die Gurus solcher Gemeinschaften sind gefährlich, weil sie Menschen ausnutzen.

Sind »Heilige Kriege« gute Kriege?

Nein. Es gibt keinen guten Krieg, denn jeder Krieg bringt Angst, Gewalt und Zerstörung. Das gilt auch für »Heilige Kriege«. Sie wurden in der Vergangenheit von den Anhängern verschiedener Religionen geführt, die davon überzeugt waren, dass Gott dies von ihnen erwartete.

Zum Beispiel haben sich die Israeliten die Rückkehr in ihr »Gelobtes Land« erkämpft. Viele Juden sind überzeugt, dass Gott es ihnen anvertraut hat. Heute heißt das Land Israel. Dort gibt es noch immer keinen Frieden, weil auch andere Völker es als ihr Land ansehen.

Später haben Christen Kreuzzüge geführt, weil sie ihren Glauben für den einzig richtigen hielten. In blutigen Schlachtzügen brachten sie viele Tausend Juden und Muslime auf grausame Weise um. Heute greifen fanatische Islamisten zu Waffen und Sprengstoff und wollen damit alle Andersgläubigen in einem »Heiligen Krieg« auslöschen. Diese Terroristen verbreiten viel Angst und Leid, sind aber nur eine ganz kleine Minderheit. Alle anderen Menschen lehnen ihre Taten ab.

Jeder einzelne dieser Kriegsführer behauptet, von Gott beauftragt zu sein. Tatsächlich gibt es Texte in einigen heiligen Schriften, die sich gegen Andersgläubige richten. Sie stammen aber aus einer früheren Zeit und werden heute ganz anders verstanden. Denn Krieg ist genau das Gegenteil von dem, was alle Religionen zum Ziel haben: Ein Leben in Frieden, in dem sich die Menschen mit Respekt behandeln und sich umeinander kümmern.

Wenn man genau hinsieht, gibt es auch noch viele andere Gründe für die »Heiligen Kriege«, zum Beispiel Armut und Ungerechtigkeit. Manche Menschen suchen bei religiösen Fanatikern die Anerkennung, die sie sonst nicht bekommen. Dafür begehen sie sogar Gewalttaten.

Wollen alle Religionen das Gleiche?

Wenn du die Menschen auf der Welt fragst, wonach sie sich am meisten sehnen, dann bekommst du fast überall dieselbe Antwort: Liebe, Glück und Frieden auf der Welt. Diese drei Dinge stehen an erster Stelle und genau sie sind auch ein gemeinsames Ziel aller Religionen. Allerdings versuchen die Religionen es auf unterschiedlichen Wegen zu erreichen. Jede von ihnen hat ihre eigenen Schriften, Feste und Alltagsregeln. Darum wirken sie manchmal fremd auf uns. Damit wir uns näherkommen, ist es sehr wichtig, dass wir Menschen miteinander reden und viel übereinander erfahren. Zum Glück feiern die Gemeinden verschiedener Religionen seit einigen Jahren immer häufiger zusammen Feste oder laden zu gemeinsamen Veranstaltungen ein. Dort lernen sich die Mitglieder kennen und schließen Freundschaften. Das nennt man »Dialog der Religionen«. Eine Regel haben übrigens alle Religionen gemeinsam. Sie heißt »Goldene Regel«. Aus ihr ist dieses Sprichwort entstanden: »Was du nicht willst, dass man dir tu', das füg auch keinem andern zu.«

Haben alle Religionen ein Erkennungszeichen?

Jede Firma wirbt mit einem Logo. Das gibt ihr ein Gesicht, an das du dich erinnern sollst. Auch die Religionen haben Symbole, manche sogar mehrere Erkennungszeichen.

Den Davidstern der Juden bilden zwei untrennbar miteinander verflochtene Dreiecke. Das obere steht für Gott, seine Schöpfung, seine Botschaft und seine Erlösung. Das untere stellt den Menschen früher, heute und in der Zukunft dar. Beide Dreiecke zusammen sind das Zeichen für die Verbundenheit der Juden mit Gott.
Auch die Menora ist ein Symbol für das Judentum. Die Kerzen auf dem siebenarmigen Leuchter sollen im jüdischen Tempel in Jerusalem einst auf wundersame Weise tagelang nicht erloschen sein. Viele Juden sehen in dem »ewigen Licht« ein Zeichen Gottes, dass er ihnen in schwierigen Zeiten zur Seite steht.

Viele Christen tragen ein Kreuz als Schmuck. Es erinnert sie an Jesus, der am Kreuz gestorben ist und anschließend auferstanden sein soll. Ein Kreuz findest du in jeder Kirche, in anderen Gebäuden und in manchen Gegenden auch in der freien Natur.
Auch die deutsche Hilfsorganisation »Rotes Kreuz« trägt das Symbol der Christen als Erkennungszeichen.

Den Islam erkennst du an der schmalen Neumond-Sichel. Für Muslime wurde sie zum Symbol für den Beginn einer neuen Zeit, als sie den Koran erhielten. Nach dem Mond richtet sich auch der islamische Kalender. Die Mondsichel begegnet dir im Alltag muslimischer Länder auf vielen Münzen und Flaggen und auch auf den Fahrzeugen und Einrichtungen einer Hilfsorganisation.
Wie Juden haben auch Muslime noch ein zweites wichtiges Symbol. Das ist das Wort »Allah« in arabischer Schrift. Als Kunstzeichnung

findest du es in vielen Moscheen, muslimischen Haushalten oder als Kettenanhänger. Damit erinnern sich Muslime an Gott und zeigen so, dass ihnen Gott wichtig ist und er immer bei ihnen ist.

Das bekannteste Symbol der Buddhisten ist das »Rad der Lehre«. Es heißt Dharma-Rad und hat acht Speichen. Sie erinnern an die acht Wege zur Erkenntnis aller Dinge. Nur diese Erkenntnis kann die Menschen nach dem Glauben der Buddhisten davon befreien, alle Dinge zu bewerten. Und nur so können sie sich nach ihrem Glauben von der ewigen Wiedergeburt befreien. Das Dharma-Rad schmückt jeden buddhistischen Tempel und sogar die indische Flagge. In Asien findest du es außerdem auf Kleidungsstücken, Büchern und an vielen anderen Orten.

Hindus sind viele Silben, Verse oder Gebete heilig. Sie heißen Mantras. Am bekanntesten ist das »OM«. Diese Silbe ist auch das wichtigste Symbol für den Hinduismus. OM wird A-U-M ausgesprochen. Dabei strömt der Atem langsam aus dem Mund. Der Klang enthält, was war, was ist und was sein wird. Er steht für das Leben, für das Werden und Vergehen und soll den Menschen mit göttlicher Kraft verbinden und ihm helfen, inneren Frieden zu finden.

Gott und die Weltseele

Wer hat sich das Universum ausgedacht?

Urknall, Entstehung der Planeten und die Entwicklung von Pflanzen, Tieren und Menschen – fast alles können Naturwissenschaftler super erklären. Aber wer hat den Plan für das gigantische Universum ausgetüftelt? Oder sind wir etwa nur zufällig entstanden? Nie im Leben, sagen alle Religionen.

Juden, Christen und Muslime glauben, dass wir eine Idee Gottes sind. Er hat die Welt erschaffen, den Pflanzen, Tieren und Menschen das Leben geschenkt – und den Menschen einen Auftrag gegeben, der gar nicht so leicht zu erfüllen ist. Sie sollen die Schöpfung achten, sich gut vertragen, sich gegenseitig helfen und aus allem das Beste machen.

Hindus und Buddhisten sind sicher: Hinter allem steckt ein großes Geheimnis. Beide Religionen stellen sich vor, dass die Erde aus einem riesigen Chaos aller Stoffe entstanden ist. Sie schwebten schon immer im All umher. Und aus ihnen entwickeln sich immer wieder neue Dinge, denn in jedem noch so klitzekleinen Teilchen steckt eine unvorstellbare schöpferische Energie. Hindus nennen diese besondere Kraft die Weltseele – oder auch Brahman, Ishvara, Herr der Welt, das göttliche Prinzip oder Gott.

Kann die Welt in sechs Tagen entstanden sein?

Gott brauchte gerade mal sechs Tage, dann hatte er die Welt erschaffen. Am siebten Tag hat er sich ausgeruht. So steht es in der Bibel.
Naturwissenschaftler kommen da zu einem ganz anderen Ergebnis. Sie sagen: Die Erde ist schon mehr als 4,5 Milliarden Jahre alt und keineswegs innerhalb einer einzigen Woche entstanden.
Wie passt das zusammen? In nur sechs Tagen ist die Welt natürlich nicht entstanden. Die heiligen Bücher sind eben keine Biologiebücher. Sie enthalten vielmehr Bilder, die jeder Mensch selbst enträtseln muss. In den Geschichten bekommen Licht und Finsternis, Himmel und Erde, die Lebewesen und alle anderen wichtigen Dinge auf der Erde einen Namen, einen Platz und eine Aufgabe. Sie erzählen von sechs Schöpfungstagen und bauen sogar einen Ruhetag in der Woche ein, damit der Mensch auch einmal Pause macht.

Wie sieht Gott aus?

Menschen sind neugierig. Schon immer wollten daher auch viele wissen: Wie sieht Gott eigentlich aus? Früher stellten ihn Zeichner auf Bildern und in Büchern oft als alten Mann mit Bart auf einer Wolke dar. Aber für Juden, Christen und Muslime hat Gott gar keinen Körper, der dem Menschen gleicht. Im Gegenteil. Für sie ist Gott in allem, in jeder Blume und in jedem Tier, in jedem Berg und jedem Stern, im Licht und im Wasser und in allen anderen Lebewesen und Dingen, die er geschaffen hat. Auch in der Seele der Menschen. Damit ist Gott für sie so unbeschreiblich groß, mächtig und herrlich, dass in ihren Augen kein von Menschen gemaltes Bild respektvoll genug gelingen kann. Außerdem befürchten viele Gläubige, dass manche Menschen Bilder oder Statuen anbeten könnten und nicht mehr Gott selbst. Darum gibt es in einigen Religionen ein Bilderverbot. Dazu gehören das Judentum und der Islam. Sie stellen sich vor, wie Gott ist, aber nicht, wie Gott aussieht. Das tun auch die meisten Christen.
Hindus und Buddhisten denken und handeln ganz anders. Sie haben ihren Gottheiten bunte Farben, verrückte Formen und viele Gesichter gegeben. Damit beschreiben sie die vielen Eigenschaften der einzelnen Gottheiten und des gesamten großen Geheimnisses, dem Brahman.

Wie alt ist Gott?

Das kann sich niemand von uns vorstellen: Der Gott der Juden, Christen und Muslime hat kein Alter. Für sie war Gott schon immer da und es wird ihn auch für immer geben: von Ewigkeit zu Ewigkeit. Juden und Christen nennen Gott daher auch »der Ewige«. Im Koran steht: »… Allah ist nicht gezeugt und Allah zeugt nicht …« Damit ist gemeint, dass Allah keine Eltern und keine Kinder hat und daher auch keinen Anfang und kein Ende. Für Hindus steckt die Weltseele Brahman schon immer in allem.

Wie heißt Gott mit Nachnamen?

Gott ist Gott. Er hat keinen Vornamen, keinen Nachnamen und auch keinen Personalausweis. Er ist auch kein Mann und keine Frau. Aber er hat viele Eigenschaften, mit denen man ihn beschreiben kann und deswegen eine Menge »Kosenamen«. In der Bibel steht über Gott »Ich bin, der ich bin«. Viele Menschen nennen Gott daher so, wie er für sie ist, zum Beispiel Vater oder der Barmherzige, Schöpfer des Himmels und der Erde, Herr, der Allmächtige, der Tröster oder der Ewige. Muslime kennen 99 Namen für ihn. Sie beschreiben allesamt nur Gutes. Die Namensliste der Hindus für Gott ist noch viel länger. Brahman und Weltseele stehen auch darauf. Außerdem ist der Name »Gott« in alle Sprachen der Welt übersetzt. Auf Arabisch heißt Gott zum Beispiel Allah.

Mit seinen Namen ist Gott für alle erreichbar, immer und überall, im ganzen Universum und in den Herzen der Menschen. Auch ohne Nachnamen, Anschrift oder Adresse im Internet.

Wann mag mich Gott?

Vor Gott musst du keine Show abziehen. Er liebt dich einfach so, wie du bist. Das sagen alle, die an ihn glauben. Allerdings sind sie sich auch darin einig, dass Gott sich sehr darüber freut, wenn du dich anderen Menschen gegenüber fair verhältst, wenn du sorgsam mit der Natur umgehst, wenn du Streit schlichtest, statt einen anzuzetteln, und wenn du seine Nähe suchst. Denn in den heiligen Schriften steht, dass Gott die Erde erschaffen hat, um das Zusammensein mit seinen Geschöpfen zu genießen.

Was ist Sünde?

Sünde hat etwas Geheimnisvolles, etwas Verbotenes. Die Bibel erzählt, dass Adam und Eva etwas Unerlaubtes taten und dafür hart bestraft wurden: Sie mussten das Paradies verlassen. Im Alltag benutzen wir das Wort »Sünde« auch dann, wenn es gar nicht um Religion geht. Manche sagen, »ich sündige«, wenn sie zu viele Süßigkeiten naschen. Das ist zwar schlecht für die Zähne und macht dick, aber aus Sicht der Religionen ist das Naschen natürlich keine Sünde.

Juden, Christen und Muslime begehen eine Sünde, wenn sie sich von Gott trennen, also über Gott lästern oder gegen seine Gebote verstoßen. Das geschieht zum Beispiel, wenn sie andere Menschen beleidigen, verletzen oder ihnen in der Not nicht helfen. Das Gute für Juden, Christen und Muslime: Sie sind sich sicher, dass Gott ihnen Sünden vergibt, wenn sie ihre Taten bereuen und ihn um Verzeihung bitten.

Hindus und Buddhisten kennen keine Sünden, die ihnen vergeben werden können. Aber auch sie leben so gut wie möglich nach ähnlichen Geboten. Nach dem Glauben der Hindus und Buddhisten zieht nämlich jede Handlung eine Folge nach sich. Das nennen sie »Karma«.

Haben alle Menschen ein Karma?

Das Gesetz von Ursache und Wirkung spielt im Leben vieler Hindus und Buddhisten eine große Rolle. Beide glauben an die ewige Wiedergeburt und sind davon überzeugt, dass jede Tat über unser jetziges Leben hinaus Folgen hat. Wer in diesem Leben viel Gutes tut, besitzt danach ein gutes Karma. Ihm steht im nächsten Leben eine besondere Ehre zu und er darf auf ein angenehmes neues Leben hoffen. Wer sich dagegen schlecht verhält oder sogar einen anderen Menschen tötet, muss im nächsten Leben mit Armut, Krankheiten, Katastrophen oder anderen schlimmen Dingen rechnen. Vielleicht kommt er sogar als Tier wieder zur Welt. Hindus und Buddhisten glauben, dass das für alle Menschen gilt.

Warum gibt es das Böse?

Gott ist gut und alles, was er geschaffen hat, ist gut. Davon sind alle Religionen überzeugt. Trotzdem bestehlen und verletzen sich Menschen oder bringen sich sogar gegenseitig um.

Christen haben dafür keine Erklärung, nur Vermutungen. Vielleicht ist das Böse der Preis dafür, dass die Menschen ihr Handeln selbst bestimmen dürfen und manche dabei falsche Entscheidungen treffen?

Juden sind sicher: Gott hat das Böse geschaffen, damit die Menschen es überwinden und das Gute schätzen lernen.

In den Augen der Muslime ist das Leben auf der Erde eine Prüfung: Jeder Mensch soll sich stets bemühen, Gutes zu tun und Schlechtes zu unterlassen. Weil die Menschen aber sehr verschieden sind, gelingt das manchen ganz gut und anderen überhaupt nicht.

Für Hindus war das Böse schon immer da. Doch wenn es zu mächtig wird, wendet die Gottheit Vishnu es ab und sorgt wieder für Ordnung. Viele Buddhisten glauben an drei böse Mächte, die Gier nach Geld, die Gier nach Macht und die Lüge. Diese Mächte wollen die Buddhisten überwinden. Auch die vielen Wächter-Figuren vor ihren Tempeln sollen die Besucher vor ihnen beschützen.

Kann man Engel erkennen?

Im Dezember begegnen uns überall Engel. Sie hängen in Fenstern und Tannenbäumen, schmücken Geschenkpapier und trompeten auf glitzernden Postkarten. Aber haben Engel tatsächlich goldenes Haar und silbrige Flügel? Oder woran kann man sie sonst erkennen? Manchen Menschen begegnen Engel im Traum oder sogar mitten am Tag – bei Freunden, auf der Straße oder weit weg in einem Urlaubsland. Dann nämlich, wenn jemand eine besonders gute Nachricht überbringt, ganz unerwartet zu Hilfe eilt oder auf andere Weise ein riesengroßes Glück beschert. »Du bist ein Engel«, sagen wir dann schon mal ganz überwältigt. Und vielleicht stimmt das sogar, und ein Engel war für einen Moment lang in die Haut des Menschen vor uns geschlüpft. Wir wissen also nicht, wie Engel aussehen, nur wie sie schon immer dargestellt werden. Aber vielleicht erkennen wir sie an ihren Taten.
Früher spielten Engel in einigen Religionen eine wichtige Rolle als Botschafter. Im Judentum, Christentum und Islam überbrachten sie den Propheten die Worte von Gott. Darüber erzählen die heiligen Schriften. Sie berichten auch als Erste, dass Engel Menschen beschützen. Um sich daran zu erinnern, tragen manche Christen ein Engel-Bild oder eine kleine Schutzengel-Figur bei sich.

Warum hat der Hindu-Gott Ganesha einen Elefantenkopf?

Ganesha ist der Gott der Weisheit. Er räumt Probleme und Hindernisse aus dem Weg und bringt das Glück. Auch Buddhisten lieben die bunte Hindu-Gottheit mit dem Rüssel. Seinen Elefantenkopf erklären viele märchenhafte Geschichten. Dies ist eine von ihnen:
»Als ihr Mann Shiva für lange Zeit fort war, knetete sich die Göttin Parvati aus Lehm einen Sohn. Sie formte ihm einen Menschenkopf, erweckte ihn zum Leben und nannte ihn Ganesha. Viele Jahre später kam Shiva von seiner Meditationsreise nach Hause zurück. Parvati nahm gerade ein Bad und Ganesha passte auf, dass niemand sie störte. Da er Shiva noch nicht kannte, ließ Ganesha auch ihn nicht vorbei. Das erzürnte Shiva so sehr, dass er ihm aus Wut den Kopf abschlug. Parvati war todunglücklich. Sie flehte ihren Mann an, ihren Sohn wieder zum Leben zu erwecken. Das tat Shiva. Aber er verpasste Ganesha den Kopf des ersten Tieres, das vorbeikam. Das war ein Elefant.«

Warum sind den Hindus Kühe heilig?

Indien ist ein Paradies für Kühe. Eine Kuh hat immer Vorfahrt und darf es sich sogar mitten auf der Straße gemütlich machen. Eine Vertreibung hat sie nicht zu befürchten, denn den Hindus sind Kühe heilig. Der Grund ist einfach: In Indien herrscht große Armut. Und Kühe versorgen die Menschen mit fünf lebensnotwendigen Dingen: Das Butterschmalz »Ghee« aus der Kuhmilch dient zum Kochen. Die getrockneten Kuhfladen sind gutes Brennmaterial und der Urin der Kuh heilt Krankheiten. Der Milchtee »Chai« ist ein idealer Durstlöscher in glutheißen Gegenden und der Joghurt »Lassi« liefert viele lebenswichtige Stoffe. Weil die Kuh Millionen Menschen damit versorgt, verehren Hindus sie als »Mutter allen Lebens«.

Alles von der Kuh

Ist Buddha auch ein Gott?

Nein. Und stell dir vor: Wenn es dir als Buddhist gelingt, an rein gar nichts mehr zu denken, dann kannst du sogar selbst einer werden. Buddha ist nämlich kein Name für einen Gott, sondern eine Bezeichnung für einen Menschen. Buddha bist du, wenn du zur wahren Erkenntnis aller Dinge gelangst. Buddhisten glauben, dass du dann vom ewigen Leid der Welt und vom ewigen Kreislauf der Wiedergeburt befreit wirst. Dann erwartet dich das ewige Glück. Viele Buddhisten sind überzeugt, dass jeder Mensch die Möglichkeit zum Buddha in sich trägt.
Siddharta Gautama hat es laut Überlieferung geschafft. Er lebte vor rund 2.500 Jahren am Himalaya und war der erste Buddha und der Gründer des Buddhismus.

Warum war der Buddha so dick?

Mit dicken Pausbacken, rundem Kugelbauch und in sich gekehrtem Lächeln – so blickt uns der Buddha von vielen Bildern und Sockeln entgegen. Auch buddhistische Schriften schildern den Erleuchteten reich und fett. Dabei spricht alles dafür, dass der Buddha sein Leben lang eher mager war. Laut Überlieferung aß und trank der Buddha oft gerade mal genug, um am Leben zu bleiben. Ausgiebige Mahlzeiten hinderten ihn und andere Buddhisten nur am Meditieren.
Für diese Bilder vom Buddha gibt es verschiedene Erklärungen. Zum Beispiel waren dicke Bäuche in Asien früher ein Zeichen für Weisheit und Güte. Es könnte aber auch zu einer Verwechslung von Buddha und dem dicken Gott Hotei gekommen sein. An ihn glaubten zu dieser Zeit viele Menschen in China.

Von wem sind die heiligen Schriften?

Früher haben die Menschen ihren Kindern alles über ihre Religion erzählt. Diese gaben die Geschichten wieder an ihre eigenen Kinder weiter. Dann lernten die Menschen das Schreiben und konnten das Wissen über ihre Religion in Büchern festhalten. Diese Bücher entstanden auf unterschiedliche Weise. In manchen berichten Menschen über die Schöpfung und von ihren Erfahrungen mit Gott oder den Göttern. Andere Schriften enthalten direkte Botschaften von Gott oder von Gottheiten selbst. So ist es auf jeden Fall überliefert.

Die Texte über die Anfänge der Menschheit und ihre Geschichte haben viele Menschen in der jüdischen Bibel aufgeschrieben. Christen verfassten später einen zweiten Bibelband. Er heißt Neues oder Zweites Testament. Darin erzählen die Freunde von Jesus und andere Menschen von ihren spannenden Erlebnissen mit Gott und Geschichten von Jesus. Insgesamt dauerte es ungefähr 800 Jahre, bis die beiden Teile der Bibel fertig waren.

Ganz anders ist der Koran entstanden. Er ist nach dem Glauben der Muslime Wort für Wort die Botschaft von Gott. Der Erzengel Gabriel soll sie Mohammed im Laufe von 23 Jahren Satz für Satz überbracht haben. Mohammed lernte die Verse jedes Mal auswendig und gab sie Wort für Wort an seine Freunde weiter. Auch sie konnten – so ist es überliefert – schließlich die gesamte Botschaft von Allah vortragen. Erst nach Mohammeds Tod schrieben seine treuesten Gefährten den Koran auf. Auch der Koran berichtet über die Schöpfung und erzählt von den Eigenschaften Allahs.

Die Botschaften in den Shruti, die zu den heiligen Schriften der Hindus gehören, sollen von Gottheiten »diktiert« worden sein. Über diese Götter haben Menschen später lange Heldengedichte verfasst.

Hindus haben sehr viele heilige Schriften. Besonders wichtig sind die Veden mit den Botschaften der Götter. Seher und Weise der Vorzeit sollen sie gehört, auswendig gelernt und weitergegeben haben. Wichtig sind auch zwei lange Heldengedichte von weisen Männern, die vieles über die Götter erzählen. Beide Gedichte umfassen mehrere Bücher. Das Mahabharata ist sogar das längste Heldengedicht der Welt. Viele Hindus lieben daraus besonders die Bhagavadgita. Das bedeutet »Gesang Gottes«.

Die heilige Schrift der Buddhisten heißt Tripitaka. In ihm stehen die Lehre des Buddha und Berichte über sein Leben. Im Tripitaka kannst du zum Beispiel nachlesen, wie Buddhisten und buddhistische Mönche leben und sich verhalten sollen.

Die Schriften aller Religionen zeigen, dass Menschen sich schon vor langer Zeit ganz ähnliche Gedanken gemacht haben und sich mit ähnlichen Problemen herumgeschlagen haben wie wir heute. Alle können aus den Erfahrungen vergangener Generationen lernen, und vielen helfen ihre Erlebnisse mit Gott oder ihren Gottheiten.

Den Glauben leben

Muss man immer alles machen, was eine Religion vorschreibt?

Jeder kann seinen Glauben so leben, wie er oder sie es für richtig hält. Die einzige Bedingung in allen Religionen ist: Niemand sollte anderen mit seinem Verhalten schaden. Denn die Gebote der Religionen haben zum Ziel, ein gutes und gerechtes Leben für alle zu ermöglichen.
Stell dir vor, es gäbe keine Regeln im Alltag. Das klingt doch super. Jeder kann machen, was er will und wozu er Lust hat. Aber in Wirklichkeit wäre es das reinste Chaos: Im Straßenverkehr würde es ständig krachen, im Unterricht würden alle durcheinanderreden, Treffen mit Freunden kämen nicht zustande und so mancher gute Vorsatz oder Plan wäre schnell vergessen. Erinnerungen und Regeln sind daher nicht nur lästig, sondern auch sehr nützlich im Leben.
Ähnlich verhält es sich mit den Geboten und Verboten in den Religionen. Die meisten wurden mit den heiligen Schriften überliefert. Sie legen fest, was nach Ansicht dieser Religionen gut und richtig und was böse und falsch ist. Die wichtigsten »Regeln« für Juden und Christen stehen in den »Zehn Geboten«. Muslime erfahren sie aus dem Koran und der Sunna. Die Sunna beschreibt das Leben von Mohammed. Viele Hindus leben nach dem »Sanatana Dharma« und Buddhisten nach dem »Achtfachen Pfad der Erkenntnis«.
Die meisten Grundregeln stimmen mit unseren Gesetzen überein. Zum Beispiel sollte niemand einen anderen Menschen bestehlen, verletzen oder sogar töten. Daran muss sich jeder halten. Andere Verhaltensregeln betreffen nur die Angehörigen einer Religion. Sie handeln zum Beispiel davon, wie die Gläubigen beten, Feste feiern, was sie anziehen und essen sollen. Hier kann jeder selbst entscheiden, wie er diese Regeln versteht.

Warum beten Muslime auf einem Teppich?

Wenn uns jemand sehr wichtig ist, dann erweisen wir ihm Respekt. Wer betet, möchte Gott oder einer Gottheit begegnen und seinen Respekt ausdrücken. Dafür hat jede Religion eine eigene Form gefunden. Muslime möchten Allah sauber gegenübertreten und haben dafür einige Zeremonien. Sie ziehen sich vor dem Gebet die Schuhe aus und waschen sich Hände, Füße und Gesicht. Damit verbannen sie aber nicht nur den Straßenstaub. Die Handlung befreit sie auch von schlechten Gedanken und Taten. Beim Beten selbst stehen, knien und verbeugen sich Muslime. Dabei berühren Hände und Stirn den Boden. Auf Fliesen oder hartem Holz ist das ziemlich kalt und unbequem. Und es droht neuer Schmutz. Ein Teppich schützt vor wunden Knien und hilft Muslimen, rein vor Allah zu treten.

Viele Christen falten beim Beten die Hände und schließen die Augen. Viele jüdische Männer tragen beim Beten als Zeichen des Respekts eine kleine Kappe und morgens auch einen Gebetsmantel. Außerdem wickeln sie sich mit einem Gebetsriemen zwei kleine Kapseln mit Torasprüchen auf die Stirn und vor das Herz. So ist ihnen die Bibel ganz nahe.

Hindus und Buddhisten beten zu ihren zahlreichen Göttern, indem sie ihre Handflächen aneinanderlegen und zum Herzen führen.

Sagt man in allen Religionen »Amen«?

»Amen« ist das letzte Wort und gleichzeitig ein Ausruf: Mit ihm beenden Juden und Christen ihr Gebet. Muslime sagen auf Arabisch »Amin«. Das Wörtchen ist sehr kurz. Und doch so bedeutungsvoll wie ein Eid. In ihm steckt nämlich ein Versprechen. Wer »Amen« sagt oder »Amin«, der versichert Gott: »So sei es. Was ich gesagt habe, das gilt.« Auch Hindus und Buddhisten beenden ihre Meditation nicht einfach so. Sie schlagen eine kleine Glocke oder Kupferschale an. Der Ton holt sie in den Alltag zurück.

Ist Beten anstrengend?

Für viele Menschen ist das Beten an einem ungestörten Ort in einem ruhigen Moment eine wunderbare kleine Pause, um Kraft zu tanken – und gleichzeitig ein Trost und Mutmacher in schwierigen Situationen. Wer durch seine Umgebung abgelenkt ist oder eigentlich gerade etwas anderes im Kopf hat, der muss sich ganz schön anstrengen, um bei der Sache zu bleiben. Aber wer regelmäßig mit seinem Gott spricht, der fühlt sich so entspannt wie in einem Gespräch mit einem guten Freund.

Antwortet Gott auf Gebete?

Es ist schon ein bisschen komisch, zu einem Gott zu sprechen, den man nicht sehen kann. Ob das alles auch wirklich ankommt? Wer zu Gott betet, schüttet oft sein Herz aus und spricht dabei manchmal über sehr persönliche Dinge, die er vielleicht noch nicht einmal einem Freund anvertrauen würde. Viele gläubige Menschen erzählen, dass sie Gottes Antworten in ihrem Herzen finden. Dann nämlich, wenn sie sich getröstet fühlen oder nach langem Hin und Her plötzlich eine gute Entscheidung treffen können.

Müssen Christen bestimmte Gebete sprechen?

Nein. Jeder kann Gott einfach alles sagen, was ihn bedrückt oder wofür er danken möchte. Wenn's einmal brenzlig wird, bitten viele Christen Gott auch in einem Stoßgebet um Hilfe. Zwei Gebete sprechen Christen oft gemeinsam im Gottesdienst: das Vaterunser und das Glaubensbekenntnis. Das Vaterunser stammt von Jesus und steht im Neuen Testament. In diesem Gebet geht es um alle Dinge, die Christen besonders wichtig sind: Anbetung, Dank, Bitte um Vergebung, das tägliche Essen und vieles mehr. Viele Christen sprechen das Vaterunser auch gern alleine. Das Glaubensbekenntnis steht nicht in der Bibel. In der Kirche wird es trotzdem oft gemeinsam gesprochen, weil es zusammenfasst, woran alle Christen glauben.
Katholiken beten außerdem den Rosenkranz. So heißt die Gebetskette mit 59 Perlen und einem Kreuz. Wer einen Rosenkranz betet, spricht in genau festgelegter Reihenfolge immer wieder drei Gebete: für jede Perle entweder das Glaubensbekenntnis, das Vaterunser oder ein Ave Maria.

Was unterscheidet das Meditieren vom Beten?

Hindus und Buddhisten beten und meditieren Mantras. Diese Gebete und Gedanken für Menschen, die ihnen wichtig sind, schreiben Buddhisten oft auf bunte Stoffstücke. Die Wimpel verbinden sie zu einer Gebetsfahne und hängen sie in einen Tempel, an ihr Haus oder in die freie Natur. Der Wind erweckt die Mantras nach ihrem Glauben zum Leben. Wenn die Wimpel verwittern, werden die Gebete und Gedanken frei und gelangen zu den Menschen, für die sie bestimmt sind. Beim Meditieren wenden sich Hindus und Buddhisten nicht an einen Gott oder viele Götter. Stattdessen versuchen sie sich genau auf eine Sache zu konzentrieren und sich durch nichts davon ablenken zu lassen. Auf diese Weise wollen sie Gier, Hass und alle schlechten Gedanken hinter sich lassen, die Leid verursachen. Das Ziel ist es, alle Wesen und Dinge zu betrachten, ohne sie zu beurteilen, und sich selbst nur noch als Teil des Universums zu empfinden. Dieser Zustand soll den Kreislauf von Leben, Tod und Wiedergeburt durchbrechen und zur Erleuchtung führen. Wer das schafft, ist für Buddhisten Buddha.
Hindus meditieren oft beim Yoga. Sie nehmen ganz spezielle Körperstellungen ein und verändern sie nach bestimmten Regeln. Dabei geht es um Selbstbeherrschung und um eine tiefe Stille. Diese Übungen helfen ihnen, sich ganz auf ihr Inneres zu konzentrieren, auf ihr Selbst und auf ihre Seele.

Warum werden jüdische Jungen beschnitten?

Jüdische Mütter vererben ihre Religion an ihre Kinder. Ihre Babys sind von Geburt an Juden. Zu welcher Religion der Vater gehört, ist dabei egal. Schon am achten Lebenstag lassen die meisten Eltern ihre Jungen beschneiden. Dabei wird die Vorhaut vom Glied entfernt und ein kleines Fest gefeiert. Mit dieser Zeremonie besiegeln die Eltern den Bund ihres Sohnes mit Gott. Vielen jüdischen Eltern bedeutet die Beschneidung sehr viel, da sie zu den Regeln in der Tora gehört. Auch Muslime lassen ihre Jungen beschneiden.

Über den Eingriff wird heute viel diskutiert. Gegner sagen, er verletzt den Körper und damit die Rechte des Babys. Damit meinen sie natürlich keine Operation, die aus gesundheitlichen Gründen notwendig ist. In dem Fall hat eine Beschneidung nichts mit Religion zu tun.

Warum taufen Christen im Namen vom Vater, Sohn und Heiligen Geist?

Bei der Taufe spricht der Pfarrer feierlich: »Ich taufe dich im Namen des Vaters, des Sohnes und des Heiligen Geistes.« Dabei träufelt er dem Täufling drei Mal etwas Wasser über den Kopf. Christen taufen aber nicht im Namen von drei Göttern. Sie glauben an die Dreieinigkeit. Das kannst du dir so ähnlich vorstellen wie die drei unterschiedlichen Zustände von Wasser. Je nach Temperatur ist es gefroren, flüssig oder Dampf. Dabei bleibt es aber immer Wasser. So stellen sich Christen vor, dass Gott ihnen auf drei verschiedene Weisen begegnet. Er ist für sie der himmlische Vater, der die Menschen beschützt und leitet. Er ist Jesus Christus, der Sohn Gottes, der den Menschen von der Liebe Gottes erzählt hat. Und er ist der Heilige Geist, der immer in den Menschen ist. Wer getauft ist, gehört zur Glaubensgemeinschaft der Christen.

Kann man bei der Konfirmation durchfallen?

Nein. Eine Konfirmation ist ein fröhliches Fest. Oft reist die ganze Familie an. Alle machen sich schick. Häufig kommen auch noch Freunde mit in die festlich geschmückte Kirche. Vor der Gemeinde sprechen die Konfirmanden feierlich das Glaubensbekenntnis. Damit sagen sie zum ersten Mal selbst »Ja« zum christlichen Glauben, denn viele von ihnen waren bei der Taufe noch ein Baby und konnten nicht entscheiden, ob dieser Glaube für sie das Richtige ist. Dann gibt der Pfarrer den Jugendlichen seinen Segen. Damit bestätigt er die Taufe und die Aufnahme der Konfirmanden in die evangelische Kirche.

Vor der Konfirmation lernen die »Konfis« den Glauben und ihre Kirchengemeinde kennen. Dazu besuchen sie etwa ein Jahr lang den Konfirmandenunterricht oder verschiedene Wochenendseminare. Vor der Konfirmation versichern sich viele Pfarrer mit einem Quiz, einem kleinen Test oder einer anderen Aufgabe, ob die Konfis auch alles richtig verstanden haben. Durchfallen kann dabei aber niemand.

Auch die katholische Kirche feiert die Aufnahme ihrer Kinder und Jugendlichen mit zwei festlichen Gottesdiensten. Sie heißen Erstkommunion und Firmung. Damit bestätigen katholische Jugendliche ihre Taufe.

Haben Hindus auch Konfirmandenunterricht?

Nein, den besuchen nur evangelische Christen. Aber manche Hindu-Jungen lernen eine kurze Zeit lang als Schüler von einem Guru einiges über die unzähligen Gottheiten, die Lehre, Schriften und Bräuche ihrer Religion. Vor allem aber üben sie das Gayatri-Mantra. Das ist das wichtigste Gebet der Hindus.
In der Regel empfängt der Guru nur die Jungen der oberen drei Kasten. So heißen die Gesellschaftsschichten im Hinduismus. Mädchen dürfen den Unterricht bisher kaum besuchen, ebenso Jungen aus den unteren Kasten. Sie lernen ihre Religion über ihre Eltern kennen.
Wer zu einer Kaste gehört, darf nur einen Partner aus der eigenen Kaste heiraten, nur mit Menschen aus der eigenen Kaste gemeinsam essen und nur bestimmte Berufe ausüben. Seit einiger Zeit lockern sich diese strengen Regeln etwas. Immer mehr Hindus entscheiden selbst, mit wem sie ihre Zeit verbringen, und treffen sich auch mit Angehörigen anderer Kasten. Das ist allerdings noch nicht in allen Glaubensrichtungen und in allen Regionen Indiens üblich.

Schalom

Muss jeder Jude Hebräisch lernen?

In Israel gehört die hebräische Sprache zum Alltag. Aber auch in Deutschland wachsen viele jüdische Kinder mit dem Klang dieser Sprache auf. In der Synagoge ist sie in jedem Gottesdienst zu hören, wenn der Wochenabschnitt aus der Tora nach einer bestimmten Melodie vorgetragen wird. Das ist ganz schön schwer, aber auch eine große Ehre, wenn man an der Reihe ist. Jeder jüdische Junge darf das am Festtag seiner Bar Mizwa zum ersten Mal tun.
Bar Mizwa heißt »Sohn der Pflicht« oder auch »Sohn des Gebotes«. Das ist die Bezeichnung des Jungen ab seinem Festtag. Und so wird auch die Aufnahmefeier in die jüdische Gemeinde genannt. Als Bar Mizwa wird ein Junge in der Synagoge wie ein Erwachsener behandelt, mit allen Rechten und Pflichten. In den moderneren liberalen Gemeinden gilt das auch für Mädchen. Sie sind eine Bat Mizwa, also eine »Tochter der Pflicht«.
Auf ihre Aufgaben in der Gemeinde bereiten sich jüdische Kinder und Jugendliche ein ganzes Jahr lang sehr gut vor. In dieser Zeit lernen sie viel über die jüdischen Gebote und Feste – und vor allem so viel Hebräisch, dass sie etwas aus der Tora vorlesen und einiges verstehen können. Dann entscheiden sie, ob sie dieses Fest feiern und als Juden leben möchten.

So wie Juden auf der ganzen Welt Hebräisch lernen, um die Tora zu lesen, lernen Muslime Arabisch, um den Koran zu verstehen.

Gibt es in jeder Religion einen Tag zum Faulenzen?

Nur Juden haben einen Ruhetag, den ihre Religion vorschreibt. Aber auch in manchen christlichen Ländern sind am Sonntag die Läden geschlossen. Für Muslime ist der Freitag ein besonderer Tag, allerdings ohne Zeit zum Faulenzen. Hindus und Buddhisten haben keinen besonderen Wochentag.

An jedem Freitag herrscht Hochbetrieb in den Moscheen. Dort trifft sich ein großer Teil der muslimischen Gemeinde zum Freitagsgebet und zur Predigt des Imam. Für Männer ist die Teilnahme Pflicht, es sei denn, sie werden in ihrem Beruf dringend gebraucht. Für Frauen ist der Moscheebesuch freiwillig, da sie traditionell für die Betreuung der Kinder, der Kranken und der alten Menschen zuständig sind. Vor und nach dem Freitagsgebet gehen alle wieder ihrer normalen Arbeit nach. Der Schabbat der Juden beginnt am Freitag mit dem Sonnenuntergang. Nach dem Gottesdienst in der Synagoge wird in vielen jüdischen Häusern und Wohnungen bis zum nächsten Abend nichts gearbeitet. Ausnahmen gelten nur für Gebete, die Tora-Lesung, die Schabbat-Mahlzeiten und andere Bräuche.
Am Sonntag lädt Glockenläuten Christen in die Kirche ein. Dort verbinden der Pfarrer und andere Mitglieder der Gemeinde in einer Predigt Ereignisse aus dem Alltag mit Geschichten aus der Bibel. Zum Gottesdienst gehören auch die Gebete, der Segen und das gemeinsame Singen von Kirchenliedern.

Feiern Hindus und Buddhisten auch Gottesdienste?

Hindus und Buddhisten feiern ihre Gottesdienste zu bestimmten Anlässen und jeder von ihnen auch dann, wenn ihm danach zumute ist. Hindus verehren ihre Gottheiten mit einer Puja. Das ist eine kurze Zeremonie, die zu jeder Zeit im Tempel oder zu Hause stattfinden kann. Zu diesem Zweck steht in fast jedem Hindu-Haushalt ein kleiner oder größerer Hausaltar mit einigen heiligen Gegenständen. Ein Bild oder eine Figur stellt die verehrte Gottheit dar. Sie wird zu jeder Puja mit Blumen, Früchten oder anderen Dingen beschenkt. Bei der Meditation helfen Gebete. Besonders bekannt sind diese Mantras: »Ich meditiere über den Glanz der Sonne. Möge sie meinen Geist erleuchten.« Und: »Om. Lasst uns meditieren über die Herrlichkeit des göttlichen Lichts. Es möge unseren Geist erleuchten.«
Auch Buddhisten feiern Pujas. Oft gehören vier Dinge dazu: Kerzenschein, Weihrauch, Wasser und Blumen. Der Kerzenschein ist das Zeichen für Erleuchtung, Weihrauch-Duft steht für Buddhas Lehre, die das ganze Bewusstsein durchdringt, Wasser in einer Schale ruft dazu auf, dass jeder nach Buddhas Lehre leben soll, und schon etwas verblühte Blumen erinnern daran, dass alles irgendwann endet, vergeht und Neues entsteht.

Hat jede Religion ein Lieblingsfest?

In allen Religionen wird viel gefeiert. Die Feste erinnern an wichtige Ereignisse und sind Höhepunkte im Jahr. Oft kommt die Familie zusammen und genießt gemeinsam die freie Zeit, ein besonderes Essen und die religiösen Bräuche.

Pessach ist die Nummer 1 im Judentum. Das Wallfahrtsfest im Frühjahr dauert sieben Tage. Zu ihm gehören viele Zeremonien und sogar ein fester Speiseplan. Alles erinnert an die Befreiung des Volkes Israel aus der Sklaverei, an den Auszug aus Ägypten und an die lange Flucht durch die Wüste ins Heilige Land.

In die Pessach-Zeit fällt oft auch das wichtigste Fest der Christen. Der stille Karfreitag steht für die Kreuzigung von Jesus Christus, das fröhliche Osterfest für seine Auferstehung von den Toten.

Auf dem islamischen Mondkalender verschieben sich die Monate von Jahr zu Jahr. Mit ihnen wandert auch das Opferfest durch alle Jahreszeiten. Es besiegelt das Vertrauen der Muslime in Gott und beruht auf einer Geschichte, die auch Juden und Christen kennen. Danach war Abrahams Vertrauen in Gott einst so groß, dass er bereit war, ihm seinen Sohn zu opfern. Erst im letzten Moment hielt Gott Abraham zurück. Abraham dankte Gott mit einem Opferlamm. Deswegen teilen sich viele muslimische Familien mit Verwandten, Freunden und mit armen Menschen bis heute zum Opferfest das Fleisch eines Lammes.

Kumbh Mela ist das größte Pilgerfest der Welt. Hindus feiern es alle drei Jahre abwechselnd in einer von vier Städten am heiligen Fluss Ganges. Jeder Gläubige taucht mehrmals unter, denn das Wasser soll heilig sein und von aller Schuld befreien. Das Besondere an diesem Fest ist die gigantische Besucherzahl. In manchen Jahren pilgern bis zu 30 Millionen Menschen an den Ganges, im Jahr 2013 sollen es sogar 120 Millionen gewesen sein, darunter viele berühmte Gurus und Einsiedler.

Vesakh ist die Geburtstagsparty für Buddha. An diesem Tag feiern die Anhänger der verschiedenen buddhistischen Traditionen gemeinsam. Die Straßen sind mit Lichtern, Fahnen und Bildern von Buddha geschmückt. Und es gibt sogar Geschenke.

Warum essen Muslime manchmal nur nachts?

Einmal im Jahr ist in vielen muslimischen Familien alles anders als sonst. In ihrem Fastenmonat Ramadan steht das Frühstück schon lange vor der Morgendämmerung auf dem Tisch. Im Winter ist das erst gegen 8.30 Uhr. Liegt der Ramadan jedoch im Sommer, dann klingelt der Wecker schon vor 3 Uhr, also mitten in der Nacht. Bevor es hell wird, essen die meisten etwas und jeder trinkt, so viel er kann. Bis zum Sonnenuntergang verzichten Muslime aber nicht nur auf Essen und Trinken, sondern zum Beispiel auch auf Kaugummikauen, Rauchen, Sex und Streit, ganze 30 Tage lang. Dafür lesen sie häufiger als sonst im Koran, denken über ihren Glauben nach, beten mehr und konzentrierter als sonst. Sie bemühen sich darum, fair und freundlich zu sein, und arbeiten oft nur so viel wie nötig. Auf diese Weise wollen sie Gott wieder ein Stück näherkommen. Auf das Abendessen freut sich jeder. Manche Familien laden dazu Freunde, Nachbarn und Bedürftige ein. Gemeinsam danken sie Gott, dass sie den Fastentag gut überstanden haben, bitten um Kraft für den nächsten Tag und lassen es sich schmecken.

Zum Fest des Fastenbrechens gibt es überall Einladungen mit vielen leckeren Speisen und Süßigkeiten. Denn mit dem Zuckerfest endet der Ramadan. Und damit ist auch das Eisessen in der Sonne dann endlich wieder erlaubt.

Das Fasten macht schlapp. Vor allem im Sommer. Dann sind die Tage lang und die Zeiten zum Essen und Trinken sehr kurz. Das hält nicht jeder durch. Wer schwach ist oder unbedingt fit sein muss, darf als gläubiger Muslim nicht fasten. Das gilt zum Beispiel für Kinder, alte Menschen, Kranke und Schwangere. Wer eine sehr wichtige Prüfung vor sich hat oder wie Ärzte oder Piloten in seinem Beruf eine große Verantwortung trägt, darf das Fasten verschieben.

Auch in anderen Religionen gibt es Fastenzeiten. Viele Juden verzichten fünf Mal im Jahr für einen oder mehrere Tage auf unterschiedliche Dinge. Und viele Christen nehmen sich in den sieben Wochen vor Ostern vor, 40 Tage lang ohne bestimmte Sachen auszukommen. Das können Fleisch, Kuchen oder Süßigkeiten sein, aber auch die Lieblingsfernsehserie oder das Surfen im Internet.

Gibt es zum Opferfest schulfrei?

Die Festtage der Juden, Muslime, Hindus und Buddhisten sind in Deutschland bisher keine gesetzlichen Feiertage. Wer diesen Religionen angehört und ein wichtiges Fest, wie zum Beispiel das Opferfest, feiern möchte, bekommt dafür aber frei. Das gilt auch für Schülerinnen und Schüler.

Warum tragen jüdische Kinder eine Kopfbedeckung?

Viele Juden tragen eine Kippa. Bis zum dritten Geburtstag geht es ohne. Dann ist das kleine Scheitelkäppchen in der Synagoge für jeden Jungen Pflicht. Viele Kinder haben das Balancieren zu Hause vorher gut geübt. Die runde Kopfbedeckung muss nämlich genau an der richtigen Stelle sitzen, sonst rutscht sie schnell vom Kopf.

Die Kippa ist ein Zeichen der Ehrfurcht vor Gott. Es gibt sie in vielen Stoffen, Mustern und Farben. In der Synagoge ist sie für jeden Mann Pflicht, egal ob er Jude ist oder nicht. Viele Juden tragen die Kippa beim Beten und Essen oder beim Lesen der Tora. Manche setzen sie auch im Alltag nicht ab. In Israel ist das ganz normal. In manchen jüdischen Gemeinden treten auch Frauen nur mit Kippa vor Gott.

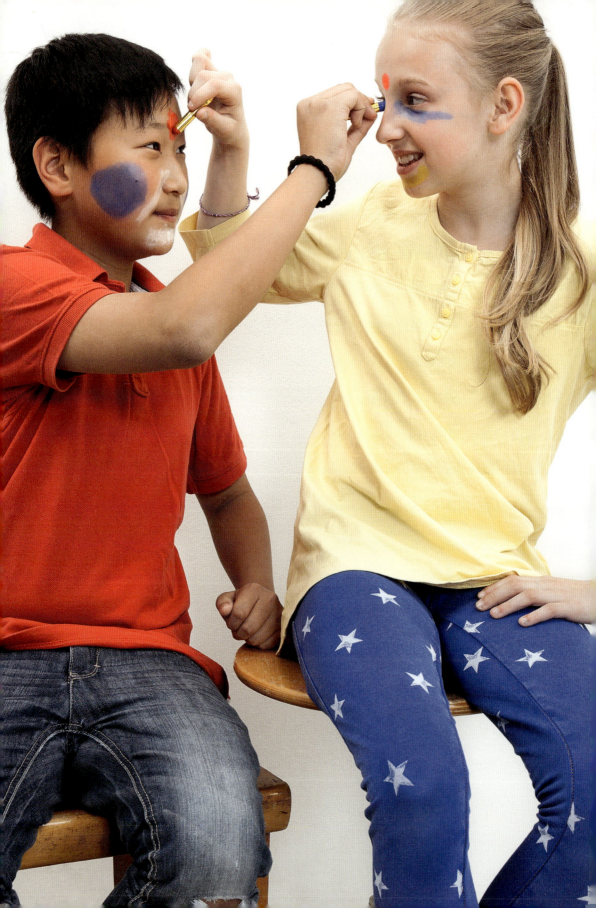

Warum tragen viele Hindus einen Punkt auf der Stirn?

Viele Hindus tragen einen farbigen Punkt zwischen den Augenbrauen. An dieser Stelle sitzt nach der Vorstellung der Hindus »das dritte Auge«. Es gilt als Ein- und Ausgang für eine besondere Energie und Weisheit. Im Tempel segnet der Priester Männer und Frauen mit dem Punkt. Dort heißt er Tilak. Manche Hindus begrüßen damit auch ihre Freunde. Viele verheiratete Frauen tragen einen Bindi. Das ist ein roter Punkt, der sie und ihren Ehemann beschützen soll. Andere Frauen schmücken sich mit einem bunten Punkt passend zur Kleidung.

Warum gehen manche Musliminnen komplett angezogen ins Schwimmbecken?

Manche Musliminnen tauchen im Schwimmbad in einem Ganzkörper-Badeanzug durchs Becken. Er heißt Burkini. Nach der Kleiderregel im Koran sollen sich Frauen außerhalb ihrer eigenen Wohnung nämlich immer bedecken. Viele Musliminnen tragen daher im Alltag weite Kleidung und ein Kopftuch, lassen nur Gesicht und Hände frei. In manchen Ländern verhüllen sie sogar ihr Gesicht. In Deutschland siehst du das aber nur selten. Hier passen sich manche Musliminnen der Mode des Landes an und tragen häufig auch kein Kopftuch.

Warum trinken viele Muslime keinen Alkohol?

Alkohol benebelt. Wer zu viel davon trinkt, kann nicht mehr klar denken und verliert schnell die Kontrolle über seinen Körper und sein Verhalten. Manche Betrunkene ziehen sogar lallend und torkelnd durch die Stadt. Das ist nach dem Koran verboten. Im Arabischen heißt das »haram«. Haram sind zum Beispiel auch alle anderen Drogen oder Schweinefleisch, aber auch unfaires Verhalten wie Mobbing, Diebstahl und Ehebruch. Das Gegenteil von haram ist »halal«. Es bedeutet »erlaubt«.
Auch im Judentum gibt es ein eigenes Wort für »erlaubt« oder »rein«. Es heißt »koscher«.

Was passiert, wenn ein Jude ein Gummibärchen isst?

In vielen Gummibärchen steckt Gelatine. Sie wird aus Knochen vom Schwein gemacht und gehört daher nach Überzeugung vieler Juden und Muslime nicht auf den Tisch. Beide Religionen halten Schweine nämlich für unreine Tiere. Und das nicht nur, weil sie gerne im Matsch wühlen. Vermutlich ist diese Lebensregel entstanden, weil sich ihr Fleisch früher besonders schwer aufbewahren ließ, schnell verdarb und dann viele Krankheiten übertrug. Mithilfe von Kühlschränken ist das heute anders. Nach der alten Speiseregel richten sich viele Juden und Muslime aber auch heute noch. Erwischen sie doch einmal ein Gummibärchen mit Gelatine, geht davon die Welt jedoch nicht unter. Das gilt auch, wenn jemand versehentlich ein Gericht mit Schweinefleisch verspeist. Besonders im Judentum gibt es so viele komplizierte Speiseregeln, dass kaum ein Jude sie alle einhalten kann. Die Speiseregeln heißen Kaschrut. Danach sind viele Tiere als Lebensmittel verboten. Außerdem dürfen sich zum Beispiel Fleisch und Bestandteile der Milch niemals berühren. Sie werden nicht einmal nacheinander im selben Topf zubereitet. In vielen jüdischen Küchen gibt es daher fast alles doppelt. Auch für die Lagerung von Vorräten, den Umgang mit dem Kochgeschirr und die Art der Zubereitung etlicher Speisen haben viele Juden einen festen Plan.

Dürfen Hindus und Buddhisten essen, was sie wollen?

Hindus sind Kühe heilig. Daher landen diese Tiere niemals auf ihren Tellern. Aber auch Schafen, Hühnern, Fischen und anderen Tieren möchten Hindus kein Leid zufügen. Denn im Hinduismus kann die Seele eines Menschen im ewigen Kreislauf der Wiedergeburt auch in ein Tier einziehen. Nach dieser Vorstellung könnte unter jedem Fell, jeder Schuppe und jedem Gefieder auch ein Vorfahre stecken. Daher leben sehr viele Hindus vegetarisch, so wie viele andere Menschen auf der Welt.
Manche Buddhisten essen niemals zum Vergnügen, sondern nur um satt zu werden. Sie achten darauf, keine Lebensmittel zu vergeuden und kein Tier extra für eine Mahlzeit zu schlachten. Ein Fleischverbot kennen sie aber nicht.

Buddhistische Mönche erbetteln sich ihr Essen und Trinken. Sie sind so mit ihrem Glauben beschäftigt, dass sie keine Zeit zum Arbeiten, Einkaufen und Kochen haben.

Warum essen manche Christen freitags Fisch?

Manche Christen verzichten freitags auf Fleisch und essen dafür Fisch. Dabei denken sie an Jesus, der am Karfreitag ermordet wurde. Der Fisch war außerdem ein Zeichen der ersten Christen.
Für Christen gibt es keine Speiseregeln. Dafür haben Brot und Wein im Gottesdienst eine besondere Bedeutung. Beides erinnert beim Abendmahl an die letzte Mahlzeit von Jesus vor seinem Tod am Kreuz und an die Vergebung der Sünden.

Warum reisen viele Gläubige in der Welt herum?

Es gibt Orte, an denen besondere Dinge geschehen. Diese Orte sind gläubigen Menschen heilig und ziehen sie magisch an. Ihre Reise dorthin nennt man Pilgerreise.

Jeder Muslim sollte mindestens einmal im Leben nach Mekka pilgern. Dort steht die Kaaba. Muslime glauben, dass Adam den schwarzen Würfel als erstes Gotteshaus erbaute und Ibrahim und sein Sohn die Kaaba später neu errichteten. Daher ist die Kaaba für Muslime das wichtigste Gebäude der Welt. Und darum beten sie von jedem Ort der Erde in ihre Richtung. Außerdem glauben Muslime, dass der Engel Gabriel den Koran Mohammed in Mekka überbrachte.

Katholische Christen pilgern zum Beispiel nach Rom in Italien, nach Lourdes in Frankreich und auf dem Jakobsweg nach Santiago de Compostela in Spanien. In Rom besuchen sie den Papst. Viele möchten das Oberhaupt der katholischen Kirche sehen und sprechen hören, um den eigenen Glauben zu stärken. In Lourdes hoffen Katholiken auf die Heilkräfte einer Quelle. Dort soll der 14-jährigen Bernadette Soubirous im Jahr 1858 Maria erschienen und es später immer wieder zu Wunderheilungen gekommen sein. In Santiago de Compostela besuchen Christen das Grab des Heiligen Jakobus. Nach der Bibel war er ein Jünger Jesu.

Für Juden ist Israel das wichtigste Land der Welt. Dort ist ihre Religion entstanden und bis heute zu Hause. Auch für andere Religionen haben sich dort große Dinge abgespielt.

Hindus ist kein Ort heiliger als »Mutter Ganga«. Der große indische Fluss Ganges soll vom Himmel herabgekommen und sein Wasser heilig sein. Millionen Menschen steigen in jedem Jahr hinein, um sich mit seiner Hilfe von Schuld reinzuwaschen. Auch viele Städte am Ganges und andere Flüsse werden von den Hindus verehrt.

Buddhisten haben vier besondere Orte. In Nepal soll der Buddha vor 2500 Jahren als Siddharta Gautama zur Welt gekommen sein. Daran erinnern in Lumbini eine berühmte Tempelanlage und ein heiliger Teich. Zur Erleuchtung gelangte Siddharta Gautama in Bodhgaya unter einem Feigenbaum. Daher erhoffen sich Buddhisten von einem Besuch dieses Ortes ebenfalls Erkenntnis. Nach Benares reisen Buddhisten, weil dort der Buddha seine erste Rede als »Erleuchteter« hielt, und in Kushinagar ist der Buddha gestorben.

Was ist an Jerusalem so besonders?

Jerusalem ist für Juden, Christen und Muslime ein wichtiger Ort. Die Stadt liegt in Israel. Dort soll Gott Abraham im letzten Moment daran gehindert haben, ihm seinen Sohn zu opfern. Dort besiegte Jesus nach dem Glauben der Christen den Tod. Und Muslime glauben, dass Mohammed dort seine Himmelsreise angetreten hat. Außerdem haben sich in dieser Stadt noch mehr Dinge ereignet, die man sich unter den Gläubigen immer wieder erzählt. Die Geschichten stehen auch in den heiligen Schriften dieser Religionen. Daher ist Jerusalem für Juden, Christen, Muslime und auch noch für andere Religionen sehr wichtig. Juden besuchen in Jerusalem die Klagemauer. Sie ist der Rest einer Befestigungsmauer, die den ersten und später den zweiten Tempel umgab. Im ersten Tempel stand eine sehr wichtige Truhe. Das war die Bundeslade mit den Zehn Geboten, die Mose nach dem Glauben der Juden, Christen und Muslime auf dem Berg Sinai von Gott erhalten hat. Die Tempel wurden zerstört und die Bundeslade gestohlen.
Christen zieht es in Jerusalem in die Grabeskirche. Sie glauben, dass Jesus an dieser Stelle am Kreuz gestorben, begraben und von den Toten auferstanden ist.
Muslime glauben, dass Mohammed von Jerusalem aus für eine Nacht in den Himmel reiste. Dort sprach er mit Allah und bat ihn, die täglichen Gebete auf fünf zu beschränken. Allah stimmte zu. Heute steht auf dem Tempelberg der prächtige Felsendom der Muslime. Er erinnert an dieses Ereignis.

Wo treffen sich Juden zum Gottesdienst?

In der Synagoge fühlen sich viele Juden wie zu Hause. Dort erfahren sie mehr über ihre Religion und feiern ihre Feste und Gottesdienste. Für den Gottesdienst ist der eigentliche Synagogenraum reserviert. Dort ist der Toraschrein das wichtigste Möbelstück. In dem großen Schrank werden verschiedene Gegenstände und die Torarollen aus Tierhäuten oder Pergament aufbewahrt. Sie sind per Hand mit den fünf Büchern Mose beschrieben. Wenn die Torarollen aus dem Schrein gehoben und auf den großen Tisch in der Mitte gelegt werden, wird es ganz feierlich und mucksmäuschenstill. Denn nun liest ein Gemeindemitglied oder ein jüdischer Gast den speziellen Wochenabschnitt aus der Tora vor.

In den Nebenräumen der Synagoge finden außerdem Wahlen, Ausstellungen und andere Veranstaltungen statt. Dazu sind oft auch Nichtjuden eingeladen.

Muss man in der Moschee etwas Besonderes anziehen?

Nein, im Gegenteil. Wenn du eine Moschee besuchst, dann ziehst du dir zuerst die Schuhe aus und stellst sie im Vorraum in ein Regal. Dann darfst du den Gebetsraum betreten. Hier wie überall wollen Muslime Gott möglichst sauber entgegentreten. Der große Raum ist mit Teppich ausgelegt. In anderen Gotteshäusern würden darauf Bänke stehen. Hier zeigen Muster die Reihen an. Zu den Gebetszeiten kommen viele Muslime zusammen. Schulter an Schulter wenden sich alle Männer gemeinsam an Allah, ebenso wie die anwesenden Frauen. Alle beten immer abwechselnd im Stehen, auf Knien und vornübergebeugt in Richtung Mekka. Der Imam spricht der Gemeinde fünf Mal am Tag die Gebete vor. Dabei wendet er sich zur Gebetsnische und damit auch in Richtung Mekka. In größeren Moscheen gibt es außerdem eine Gebetskanzel für den Imam und einen eigenen Raum für die Frauen.
In die Moschee kommen Muslime aber nicht nur zum Beten. Dort treffen sich auch Freunde zum Teetrinken, Schülerinnen und Schüler zum Koranunterricht oder Kinder zum Spielen. Manche Moscheen in Deutschland haben sogar einen eigenen Supermarkt mit besonderen Lebensmitteln für Muslime.

Warum sind Kirchen so hoch?

In einer Kirche müssen sich die Augen oft erst einen Moment lang ans Dunkle gewöhnen, denn häufig sind die Fenster bunt verglast und sitzen auch noch ganz hoch oben. Dort ist mehr Licht. Es soll sagen: Wo Gott ist, dort ist es hell. Eine Kirche ist für Christen so etwas wie eine Verbindung zwischen Erde und Himmel und damit eine Verbindung zu Gott. Um ihm möglichst nahe zu sein und ihm ein würdiges Haus zu errichten, bauten Christen viele ihrer Kirchen schon immer möglichst hoch.
In der Mitte der Kirche stehen viele Bänke. Manchmal sitzt dort jemand, betrachtet den Altar am Ende des Mittelganges oder lauscht mit etwas Glück sogar einem Orgelspiel. Die Töne aus den viele Meter langen Pfeifen haben einen ganz besonderen Klang. Er durchdringt den ganzen Raum.
Der Altar ist mit Kerzen, einem Kreuz, Blumen und meist auch einem Altarbild geschmückt. Oft zeigt es Jesus am Kreuz. Ihn betet die Gemeinde an. Bei den Katholiken gibt es auch noch ein Becken mit gesegnetem Weihwasser. Damit bekreuzigen sich die Gläubigen.
In Kirchen finden nicht nur Gottesdienste, sondern auch Gesprächskreise, Konzerte und Vorträge statt. Dazu sind nicht nur Christen eingeladen.

Gibt es Tempel für Hindus und Buddhisten auch in Deutschland?

Ja, auch in Deutschland gibt es viele sehr unterschiedliche Tempel für Hindus und Buddhisten.

Im Hindu-Tempel herrscht oft Betrieb. Vor dem Gebetsraum ziehen sich Gläubige und andere Besucher als Zeichen der Verehrung und des Respekts die Schuhe aus.

Im Innenraum stehen verschiedene kleine Tempel. In ihnen »wohnen« die hier besonders verehrten Gottheiten. Ständig kommen und gehen Menschen, um sie zu besuchen und um den Segen des Priesters zu empfangen. Dabei tupft er ihnen auch einen Punkt aus rotem Puder auf die Stirn. Das bedeutet »Gott beschützt dich«. Eine Puja feiert der Priester mehrmals am Tag. Das dauert jedes Mal eine ganze Weile, denn er besucht und ehrt jede Gottheit des Tempels einzeln. Fast jeder Hindu-Priester hat eine eigene Familie. Das ist sehr wichtig, denn er kann sein Amt nur an einen Sohn weitergeben.

Buddhisten meditieren auch im Tempel, beten oder besuchen dort eine Veranstaltung. In der Gebetshalle stehen ein Altar und eine oder mehrere Buddha-Statuen. In einem großen Tempel ist der Innenraum oft prunkvoll verziert und mit vielen Blumen und Früchten geschmückt. Manchmal blicken dich von den Wänden aufgemalte Buddha-Augen an. Sie sollen sagen »Der Buddha wacht über dich«.

Gibt es auch ein Haus für alle Religionen?

Da die Anhänger der verschiedenen Religionen an unterschiedliche Dinge glauben und ganz unterschiedliche Zeremonien und Gewohnheiten haben, ist das Zusammenleben für sie nicht immer leicht. Seit einigen Jahren wünschen sich aber immer mehr von ihnen, voneinander zu lernen und sich zusammen für das große gemeinsame Ziel einzusetzen: für den Frieden zwischen allen Menschen.
In Hannover gibt es daher seit dem Jahr 2005 das »Haus der Religionen«. Dort feiern sechs Religionen schon seit mehr als zehn Jahren gemeinsam Feste, führen durch ihre Gotteshäuser und laden alle Menschen zu ihren Veranstaltungen ein. Eine solche Zusammenarbeit nennt man »Dialog der Religionen«.
In Berlin wollen sich Juden, Christen und Muslime ein gemeinsames Gotteshaus bauen. Sie nennen es »House of One«.
In der Schweiz wurde in Bern im Dezember 2014 ebenfalls ein »Haus der Religionen« eingeweiht.

Wie wird man Rabbi?

Rabbiner sind Gelehrte und Lehrer im Judentum. Wenn ein Jude Rabbi werden möchte, studiert er an einer Jeschiwa die jüdische Religion. »Jeschiwa« ist Hebräisch und heißt Talmud-Hochschule. Am Ende des langen und schwierigen Studiums muss er eine Prüfung bestehen. Dann kann er als Rabbi in eine Gemeinde geschickt werden. Dort unterrichtet er zum Beispiel die Jugendlichen und bereitet sie auf ihre Bar Mizwa und Bat Mizwa vor. Er entscheidet auch über knifflige Fragen zur Lehre des Judentums und zum Leben der Juden im Alltag und in der Gemeinde. Außerdem ist der Rabbi der Seelsorger der Gemeinde und leitet dort manchmal einen Schabbat- oder einen Festtagsgottesdienst. In modern eingestellten Gemeinden gibt es auch Rabbinerinnen. Diese Gemeinden heißen liberale jüdische Gemeinden.

Gibt es in jedem Tempel einen Dalai Lama?

Nein, der Dalai Lama ist einmalig auf der Welt – und das schon seit Hunderten von Jahren. Buddhisten glauben nämlich, dass auch seine Seele immer wieder in einem neuen Körper geboren wird. 1925 soll er zum 14. Mal als Oberhaupt der Tibeter geboren worden sein. Wenn er nicht gerade unterwegs ist, lebt er in Indien. Er reist ständig in der Welt herum und erzählt den Menschen spannende und oft auch sehr lustige Geschichten von seinen zahlreichen Erlebnissen. So setzt er sich für Frieden und Menschlichkeit auf der Welt ein. Dafür erhielt der Dalai Lama 1989 sogar den Friedensnobelpreis. Der Titel »Dalai Lama« bedeutet »Lehrer, dessen Weisheit so groß ist wie der Ozean«.

Haben Muslime auch einen Pfarrer?

Muslime haben keinen Pfarrer. Ihre Gemeinde leitet der Imam. Er ist der Prediger, spricht die Festgebete, die Freitagsansprache und betet den Gläubigen fünf Mal am Tag vor. Dabei wendet er sich wie jeder Muslim in Richtung Mekka. Damit ihn trotzdem jeder versteht, spricht der Imam in eine Gebetsnische. Diese Ausbuchtung in der Wand verstärkt seine Stimme. Das funktioniert ähnlich wie ein Echo. Auch die verschiedenen Körperhaltungen des Gebets nimmt zuerst der Imam ein, dann folgen ihm die Betenden.

Viele Imame haben den Islam studiert. Das ist keine Voraussetzung. Aber jeder Imam sollte sich in seiner Religion sehr gut auskennen und den Koran richtig und mit einer schönen Betonung vortragen können. Vor allem aber sollte ihm die Gemeinde vertrauen.

In einigen Moscheen kannst du auch einen Muezzin treffen. Er lädt die Gemeinde mit einem besonderen Ruf zu den Gebeten ein.

Kein Mensch ist ein Heiliger, oder?

Natürlich nicht, jeder macht Fehler. Aber »heilig« im Sinne der Religionen bedeutet etwas anderes. Manche Menschen fallen auf, weil sie ihr Leben lang dort helfen, wo sie gebraucht werden. Andere ertragen für ihre Mitmenschen großes Leid.

Die Heiligen, von deren Taten wir heute noch erzählen, haben für andere eine Menge riskiert. Sankt Martin hat zum Beispiel seinen Mantel mitten im Winter mit einem Bettler geteilt, Sankt Nikolaus sein Erbe den Armen geschenkt und Soldaten vertrieben und Franz von Assisi setzte sich für Kranke und Benachteiligte ein. Deswegen glauben katholische Christen, dass solche Menschen es verdienen, zuerst selig- und dann heiliggesprochen zu werden. Katholiken verehren ihre Heiligen als Schutzpatrone oder bitten sie darum, bei Gott ein gutes Wort für sie einzulegen.
Evangelische Christen haben keine Heiligen, zu denen sie beten. Aber auch sie feiern wie die Katholiken zum Beispiel Sankt Martin und Nikolaus. Nach evangelischem und katholischem Glauben werden jedem, der an Gott glaubt, seine Fehler vergeben. Damit wird er »geheiligt«, auch wenn er nicht perfekt ist.
Juden sprechen niemanden heilig, aber ihnen ist jeder Mensch heilig, der ganz und gar für Gott und seine Mitmenschen lebt. Im Hinduismus wimmelt es sogar von Personen, die für Heilige gehalten werden. Im Buddhismus wird der Dalai Lama mit »Seine Heiligkeit« angesprochen. Für Muslime ist einzig und allein Allah heilig.

Warum gibt es keine Päpstin?

In der katholischen Kirche gibt es noch keine Gleichberechtigung von Männern und Frauen. Wichtige Entscheidungen treffen dort die Männer. Sie lehnen es bis heute ab, eine Frau zur Priesterin, später zur Bischöfin und schließlich zur Päpstin zu wählen. Dabei berufen sie sich auf Jesus, der zwölf Männer als Nachfolger ausgewählt hatte.
Viele Katholiken sehen das heute anders als ihre Kirchenführung. Sie könnten sich eine Frau als Päpstin vorstellen und setzen sich dafür ein, dass auch Frauen Priesterinnen werden.
Es dauert oft sehr lange, bis sich eine Jahrtausende alte Organisation wie die Kirche verändert. Auch in unserer Gesellschaft ist das so. Bis vor sechzig Jahren durften Männer ihren Ehefrauen zum Beispiel noch verbieten, Arbeiten zu gehen. Und es hat sehr lange gedauert, bis Frauen in der Politik mitentscheiden durften.

Sagt man eigentlich »Guten Tag, Herr Buddha«?

In den Religionen ist die Anrede der wichtigsten Personen klar geregelt. Sie werden mit großem Respekt nach alter Tradition angesprochen. Im Buddhismus liegst du mit »Ehrwürdiger« meistens richtig, wenn du einen Mönch begrüßt, der einmal Buddha werden könnte. Einem Hindu-Mönch erweist du mit »Höchstverehrter Vater« Ehre und den Papst begrüßt du mit »Eure Heiligkeit«. Herr Bischof, Herr Kardinal, Frau Äbtissin, Herr Pfarrer und Herr Rabbiner sind es gewohnt, mit ihrer Berufsbezeichnung angesprochen zu werden. Aber die meisten sehen das nicht mehr so eng. Kaum jemand wird es dir daher übel nehmen, wenn du sie einfach mit ihrem Namen ansprichst.

mit dem Tod
ist nicht
alles vorbei

Warum müssen wir sterben?

Eigentlich ist es logisch: Wir müssen sterben, denn sonst hätten wir nicht alle Platz auf der Erde. Auch biologisch ist die Sache klar. Unser Körper hält nicht ewig. Wenn das Herz, die Lunge oder ein anderes wichtiges Organ ausfällt, dann sterben wir.
In der Vorstellung von vielen Christen, Juden und Muslimen war das nicht immer so. Die Bibel erzählt von den ersten Menschen. Sie lebten zeitlos glücklich im Paradies. Doch dann pflückte Eva eine verbotene Frucht und Adam hielt sie nicht davon ab. Damit verstießen beide gegen Gottes Regeln. Sie mussten das Paradies verlassen und waren nicht mehr unsterblich.
Hindus und Buddhisten glauben das nicht. Für sie sind alle Dinge und Lebewesen schon immer vergänglich gewesen. Ihre Materie setzt sich immer wieder neu zusammen. Nur die Seele bleibt.

Der Tod gehört zum Leben dazu, das wissen wir alle. Und doch können wir es uns nicht vorstellen, dass auch das eigene Leben eines Tages ein Ende haben wird. Wenn dir das Angst macht, kannst du mit deiner Familie und Freunden darüber reden. Das hilft, denn schließlich geht es den anderen ganz genauso wie dir. Die Tatsache, dass wir alle sterben müssen, zeigt dir aber auch, wie wertvoll das Leben ist, jeder einzelne Moment. Mit anderen Menschen Zeit verbringen, die Dinge tun, die dir wichtig sind, das alles macht dein Leben reich. Viele alte Menschen, die ein gutes Leben gelebt haben, können deshalb zufrieden Abschied nehmen und sterben.

Kommen alle Toten auf den Friedhof?

Friedhöfe sind ganz besondere Orte. Viele Menschen gehen gerne dorthin, weil sie an den Gräbern ungestört an die Verstorbenen denken können, die sie geliebt haben.
Für sie ist das ein friedlicher Ort. Manche fühlen sich zwischen den Gräbern aber auch unwohl. Sie stellen sich vor, dass die Seelen der Toten dort umherwandern. Auch wenn sie wissen, dass das eigentlich nicht sein kann, werden sie den Gedanken nicht los. Für jede Religion ist der Tod die Tür in das »Leben danach«. In allen Religionen werden die Toten gewaschen und mit Gebeten und Respekt verabschiedet. Jede Glaubensgemeinschaft hat dabei ihre eigene Bestattungsform. Der Friedhof gehört nicht immer dazu.

Juden glauben, dass die Seele den Körper erst nach einer jüdischen Beerdigung verlässt und vorher nicht zur Ruhe kommt. Sobald alle Familienmitglieder eingetroffen sind, tragen sie daher ihre Toten zu Grabe. Bis dahin sprechen sie an ihrer Seite das jüdische Glaubensbekenntnis »Schma Jisrael« und das Totengebet und lassen sie nicht allein.

Auch Muslime beerdigen ihre Toten so schnell wie möglich. Nach dem Tod eines Familienmitglieds reisen die ganze Familie und viele Freunde an. Auf dem Friedhof sprechen sie für den Verstorbenen die Totengebete und legen ihn ohne Sarg ins Grab. Darin liegt er auf der rechten Seite, das Gesicht in Richtung Mekka gewandt.
Eine Verbrennung verbieten das Judentum und der Islam. Im Koran heißt es, der Mensch soll nicht zerstören, was Gott geschaffen hat.

Christen wählen die Form ihrer Bestattung selbst. Meist wird der Körper nach einer Trauerfeier in einem Sarg beerdigt oder vorher verbrannt. Die Urne mit der Asche bekommt einen Platz auf dem Friedhof oder in einem Friedwald. Auch eine Seebestattung ist erlaubt.

Hindus kennen keinen Friedhof. In Indien verbrennen sie ihre Toten unter freiem Himmel auf Holzscheiten. Nach einigen Tagen sammeln sie die Asche ein und streuen sie in einen heiligen Fluss. In Deutschland ist das nicht erlaubt. Hier wählen Hindus die Feuerbestattung im Krematorium. Die Urne bestatten sie in der Erde, denn sie zählt wie das Wasser zu den Elementen. Das ist Hindus wichtig.

Wie ein Buddhist bestattet wird, hängt von seinem Wohnort ab. Thailänder und Nepalesen verbrennen ihre Verstorbenen und streuen die Asche ins Meer. Buddhisten in Tibet verfüttern den toten Körper bei einer Luftbestattung an die Geier. Das ist für sie ein Zeichen der Freiheit und damit geben sie der Natur ihren Körper zurück.

Du siehst, es gibt viele Möglichkeiten, sich von Verstorbenen zu verabschieden und um sie zu trauern. Und es kommen immer noch neue Formen hinzu. Zum Beispiel kann man in Deutschland die Trauerfeier und sogar den Sarg für einen Angehörigen selbst gestalten und damit zeigen, was einem dieser Mensch bedeutet hat.

Wurde die Leiche von Jesus wirklich geraubt?

»Jesus ist auferstanden!« – »Er ist wahrhaftig auferstanden!« So überschwänglich begrüßen sich viele Christen am Ostermorgen. Die Bibel erzählt, dass der Körper von Jesus direkt nach seinem Tod in ein Grab gelegt wurde. Zwei Tage später war er fort. Wurde die Leiche geraubt? Verschiedene Menschen haben geschworen, dass sie Jesus noch nach seiner Kreuzigung getroffen und mit ihm gesprochen haben. Christen glauben daher, dass Jesus von den Toten auferstanden ist.

Über dieses Ereignis haben sich schon zahllose Wissenschaftler den Kopf zerbrochen und sind dabei zu unterschiedlichen Erklärungen gelangt. Für alle Christen ist die Erzählung von der Auferstehung jedoch ein Beweis dafür, dass Jesus und Gottes Liebe stärker sind als der Tod. Daher vertrauen sie darauf, dass auch ihr eigenes Leben nach dem Tod nicht zu Ende ist und sie auf ein ewiges Leben bei Gott hoffen dürfen.

Wie funktioniert die Wiedergeburt?

Für Hindus und Buddhisten ist mit dem Tod noch lange nicht alles vorbei. Für sie wird die Seele aller Lebewesen immer wieder neu geboren. Und jeder hofft natürlich, dass das nächste Leben noch ein bisschen besser wird als das jetzige. Nach der Lehre der Hindus und Buddhisten kann das jeder selbst beeinflussen. Darum bemühen sich ihre Anhänger sehr darum, zu jedem Menschen freundlich zu sein, immer bescheiden zu leben und sich mit anderen zu freuen. Damit sammeln sie nämlich Punkte für ein gutes Karma. Das indische Wort heißt »Tat« und bedeutet, dass alles, was wir tun, Folgen hat. Wer am Ende seines Lebens auf ein dickes »Gute-Taten-Konto« blicken kann, hat ein gutes Karma und wird dafür mit einem neuen Leben als Mensch und mit Gesundheit, Glück in der Liebe und Erfolg belohnt. Umgekehrt führen Faulheit, Gemeinheit oder Verbrechen zu Krankheit und Unglück. Wer sogar zum Mörder wird, kommt für ewige Zeiten nur noch als Tier zur Welt. Für viele Buddhisten gibt es aus dieser Lage sogar keinen Weg zurück.

Doch auch als Menschen mit einem glücklichen Leben sehen viele Hindus und Buddhisten in der Welt vor allem Leid und Elend. Das bedrückt sie sehr und deshalb ist es ihr höchstes Ziel, sich von der Wiedergeburt ein für alle Mal zu befreien.

Wie heiß ist es in der Hölle?

Tief unten in einer glutheißen Höhle scharrt der hämisch lachende Teufel mit seinem Pferdefuß, dass die Funken nur so fliegen. So stellten sich vor allem Christen früher die Hölle vor. Dort sollten sie nach dem Tod schmoren und für ihre Sünden büßen.

Diese Vorstellung hat heute niemand mehr. Für viele Christen ist die Hölle ein Ort, an dem Gott nicht ist. Dieser Ort steckt oft in den Menschen selbst. Nämlich dann, wenn sie nicht mehr an die Liebe und an das Gute glauben, sondern wenn Hass, Eifersucht, Neid oder Gier in ihnen wüten, wenn sie sich gegenseitig verletzen, miteinander streiten oder einfach nur an sich selbst denken.

Nach dem Glauben aller Religionen kann jeder Mensch mitentscheiden, ob er sich und anderen in seinem Leben »Höllen-Qualen« zufügt oder ob er sich bemüht, sich und anderen den »Himmel auf Erden« zu bereiten.

Treffen wir uns nach dem Tod alle im Himmel wieder?

Manche Menschen glauben nicht an Gott oder an eine höhere Kraft und damit auch nicht an ein Leben nach dem Tod. Den Anhängern sämtlicher Religionen aber macht die Hoffnung darauf Mut. Denn in einem Punkt sind sich fast alle einig: Nur der Körper stirbt. Die Seele lebt weiter. Aber was kommt dann? Die Hölle? Ein Nichts? Das Paradies? Oder der Himmel? Dort herrscht Friede, dort ist die Seele völlig frei von Sorgen und Not. Es ist das höchste Glück, davon sind alle Religionen überzeugt.

Viele Juden und Christen glauben, dass wir uns dort alle wieder sehen. Für sie ist Gott als Schöpfer des ganzen Universums überall und für jeden Menschen auf der Welt da. Immer. Sogar über den Tod hinaus. Muslime sind sich nicht so sicher. Sie hoffen nach dem Tod auf den Einlass ins Paradies. Dorthin kommt nach ihrem Glauben aber nur, wer an Gott glaubt und nach seinen Geboten lebt.
Viele Hindus und Buddhisten sind davon überzeugt, dass mit dem Tod nur eine von vielen Epochen des Lebens auf der Erde zu Ende geht. Die Seele wird in einem anderen Körper immer wieder neu geboren. Diesen Kreislauf gilt es zu durchbrechen, um dem Leid auf der Erde zu entkommen. Für Buddhisten heißt das Ziel »Nirwana«. Das ist für sie ein Dasein ohne jedes Leid und ohne jedes Bedürfnis und daher das allerhöchste Glück. Hindus nennen die Befreiung von der Wiedergeburt und allem Leiden »Moksha«. Beide meinen damit aber keinen festen Ort, sondern einen Zustand der Seele.

Jede Religion hat also auch auf diese Frage ihre eigene Antwort. Jede zeigt die Sehnsucht nach Glück. Und auch hier müssen wir entscheiden, was wir selbst glauben wollen.

Wie lange dauert ewig?

Auch wenn es sich nur um ein paar Minuten handelt, kann uns manches schon mal vorkommen wie eine Ewigkeit. Denn wie lang wir eine Zeitspanne empfinden, hängt ganz davon ab, ob wir etwas gerne tun oder nicht. So geht ein schöner Ferientag mit Freunden ganz schnell vorbei. Aber eine langweilige Autofahrt nimmt einfach kein Ende, auch wenn sie keinen Moment länger dauert. Das »echte« Ewig ist dagegen unendlich, es hat keinen Anfang und kein Ende. Christen sprechen zum Beispiel vom ewigen Leben, das sie sich großartig vorstellen, also ganz und gar nicht langweilig. Damit meinen sie das Leben nach dem Tod bei Gott. Für Juden, Christen und Muslime ist Gott die Ewigkeit. Er war schon immer da und wird immer da sein. Hindus und Buddhisten glauben an die ewige Wiedergeburt und damit an die Wanderung der unsterblichen Seele nach dem Tod in immer neue Körper. Dieser Kreislauf lässt sich nur stoppen, wenn ein Mensch zur Erkenntnis aller Dinge gelangt. Dann ist die Seele frei. Für immer und ewig.

Die Website religionen-entdecken.de ist ein unabhängiges interreligiöses Internetprojekt für Kinder. Es vermittelt Wissen über zahlreiche Religionen. Dazu dürfen Kinder jede Frage stellen. Viele Mitmachangebote bauen Berührungsängste ab, üben Toleranz, Fairness und einen respektvollen Umgang miteinander. Herausgeberinnen sind die Journalistinnen Jane Baer-Krause und Barbara Wolf-Krause. Die Experten der Website haben an diesem Buch mitgewirkt.

Annett Abdel-Rahman, Expertin für den Islam
Vor vielen Jahren hat mir ein muslimischer Freund erzählt, wie sehr er spürt, dass Gott immer bei ihm ist und ihm hilft und ihn beschützt. Das hat mich sehr beeindruckt und ich habe angefangen, viel über den Islam zu lesen. Heute unterrichte ich Kinder und Erwachsene im Islam, der auch mein eigener Glaube geworden ist.

Alina Bloch, Expertin für das evangelische Christentum
Das Christentum hat mich schon als junger Mensch so sehr interessiert, dass ich es sogar studiert habe. Heute arbeite ich selbst an der Universität Kassel mit Studierenden, die später einmal Religionslehrer oder -lehrerin werden möchten. Zusammen denken wir über ganz ähnliche Fragen nach wie die, die in diesem Buch stehen.

Ulrich Dehn, Experte für den Buddhismus
Ich habe einige Jahre in Japan gelebt und dort buddhistische Tempel besucht. Ein guter Freund hat mir einiges erklärt und mir gezeigt, wie man mit einem Buddha spricht. Außerdem habe ich viele Bücher über den Buddhismus gelesen. Inzwischen unterrichte ich Studierende im Fach evangelische Theologie und Religionswissenschaft an der Universität und engagiere mich für den Dialog der Religionen in der Akademie der Weltreligionen in Hamburg.

Moriyah Graf, Expertin für das Judentum
Seit über zwanzig Jahren gehört die jüdische Religion zu meinem Leben. Zu diesem Zeitpunkt fing ich an, mich mit den Grundlagen des Judentums zu beschäftigen. Die Glaubensaussagen der jüdischen Religion haben mich so überzeugt, dass ich zum Judentum konvertiert bin. Ich lerne täglich hinzu und gebe mein Wissen mit Freude weiter.

Christina Kalloch, Expertin für das katholische Christentum
Religionen interessieren mich sehr. Zum Beispiel reise ich gerne in fremde Länder, um die verschiedenen Religionen besser kennen und verstehen zu lernen. Und deswegen habe ich auch Theologie studiert und unterrichte heute an der Universität Hildesheim Studierende, die selbst später einmal Religionslehrer oder -lehrerin werden möchten.

Debora Lapide, Expertin für das Judentum
Als Kind war ich Christin. Erst als erwachsene Frau lernte ich einige Juden kennen und mir wurde klar, wie viele Vorurteile es bis heute gibt. Seither habe ich mich intensiv mit

dem Judentum beschäftigt und bin selbst zum jüdischen Glauben konvertiert. Mein jüdischer Mann und ich beantworten gern Fragen zum Judentum wie in diesem Buch.

Christian Nettke, Experte für Hinduismus
In meinem Studium der Religionen, man nennt das Vergleichende Religionswissenschaft, lernte ich die Göttergeschichten der Hindus kennen. Sie haben mich so gefesselt, dass ich alles über sie las, was ich finden konnte. Heute unterrichte ich selbst Studierende an der Universität Frankfurt - unter anderem in den indischen Religionen.

Wir haben viel gelernt, gelacht und danken am meisten den Kindern! Außerdem danken wir den Eltern aller Kinder, die beim Buchprojekt mitgemacht und uns mit Zeit, Vertrauen und Freude unterstützt haben. Danke an das fantastische Netzwerk aus Berliner Familien! Besonders danke ich auch Christa Raqué, Joscha Bruckert, Christine Oette/Lichtkind, Cecilia Ragan-Rabini/Younger Models und Vlora Stappenbeck/Junior Models. Außerdem geht ein sehr großer Dank an die Kinder der 6c Klasse der Humboldthain-Grundschule in Berlin-Wedding und deren Betreuerin Tülay Bayman. Und ich danke meiner Schiffscrew, die einen reibungslosen Ablauf im Studio organisiert und nebenbei so manchen bunten Sack Flöhe gehütet hat. Tschakka!
JvH

Jan von Holleben, geboren 1977 in Köln, studierte zunächst Sonderpädagogik in Freiburg und später Theorie und Geschichte der Fotografie am Surrey Institute of Art and Design in Farnham in Großbritannien. Nach sieben spannenden Jahren in London als Art Director, Bildredakteur und Gründer verschiedener Kunst- und Fotoorganisationen lebt er heute in Berlin und arbeitet unter anderem für Geo, Geolino, Die Zeit, Zeit Leo, den SPIEGEL, »Dein SPIEGEL«, Neon, Eltern, Chrismon und SZ Magazin.

Jane Baer-Krause, geboren 1958 in Hannover, ist freie Journalistin, Initiatorin und Mitherausgeberin von religionen-entdecken.de. Sie studierte Sozialwissenschaften, absolvierte ein Zeitungsvolontariat, arbeitete in einer Nachrichtenagentur, für politische Fachzeitschriften und touristische und andere Medien. 1986 entdeckte sie ihre Leidenschaft für Kindermedien und ist damit seit 2000 auch online unterwegs. Jane Baer-Krause hat zwei erwachsene Söhne und lebt bei Hannover.

In dieser Reihe ist bei Gabriel ebenfalls erschienen:
Kriegen das eigentlich alle? – Die besten Antworten zum Erwachsenwerden
Denkste?! – Verblüffende Fragen und Antworten rund ums Gehirn

von Holleben, Jan/Baer-Krause, Jane:
Wie heißt dein Gott eigentlich mit Nachnamen?
ISBN 978 3 522 30404 7

Mit Unterstützung der Website religionen-entdecken.de
Empfohlen von Dein Spiegel,
Copyright Logo © SPIEGEL-Verlag Rudolf Augstein GmbH & Co. KG, Hamburg 2013

Idee, Konzept und Fotografie: Jan von Holleben
Texte: Jane Baer-Krause
Fragenpool und religionspädagogische Begleitung: Kinderfragen von der Website religionen-entdecken.de, Jane Baer-Krause und Experten
Interreligiöse Fachberatung: Erika Godel
Kinder: Jason-Damian Ackermann, Abeer Akle, Ali Alaouie, Arzu Arkifova, Anna-Magdalena und Marie Bammel, Ali Bayram, Olivia Bremenkamp, Leo Bremer, Chadidscha Camara, Gangkar Dolma Yangchen Centurier, Sevgi Hazal Cinecev, Emirhan Cosgun, Enno und Tori Deutscher, Charlotte Dierks, Milan Evers, Keysha Flade, Odric Gaspers, Emilia Gauri, Cansu Güner, Bedran Günes, Than Nhat und Kim Minh Ha Tran, Konrad Haffmans, Stine Hantschk, Youssef Harb, Oskar Haubold, Cecilia und Clemens Haucap, Shanice Hauk, Aja Sann Hemberger, Emilia Hennig, Johanna Henniger, Lasse und Jannes Hirsch, Incinur Ilkyol, Marissa Jamieson, Malcolm und Saga Jensen, Annika Jörke, Mert Kacar, Alimamy Kamara, Nico Kersten, Mustafa Khodr, Moriz und Taja Kreyssig, Hannah Küppers, Ayana, Lyn und Neva Legler, Alessio Leyton, Malte Linneweber, Fergus und Scarlett Lockwood, Matthis Lüddemann, Arthur Mai, Marie Anna-Luise Mischko, Florim Nezaj, Greta Niederstraßer, Semiha Öz, Enes Özdogan, Teoman und Turgut Palta, Zoe-Amina Papadimitriou, Nikola Petrovic, Jakob Platz, Young-Jun Pohl, Annely Gerda Prey, Moritz Rafflenbeul, Bea Reinke, Mathis und Solveigh Ann Rügamer, Ali Saygi, Carolina Schmidt, Luis Simoes, Leon Stappenbeck, Gianluca Tavilla, Özge Taz, Fiona, Naja und Nele Weiler, Lucia Weißer, Josef Wittstock, Noah Zielke, Hannia Niemann Zuniga.
Lektorat: Katharina Ebinger
Einbandtypografie und Innenlayout: Rüdiger Joppe, Joppe Berlin Communication and Design
Satz: Tanja Haaf
Reproduktion: Digitalprint GmbH, Stuttgart
Druck und Bindung: Livonia Print, Riga

3. Auflage 2015

© 2015 Gabriel in der Thienemann-Esslinger Verlag GmbH, Stuttgart
Printed in Latvia. Alle Rechte vorbehalten.